그대를
사랑합니다. 1

그대를 사랑합니다. 1

1판 1쇄 발행 | 2015년 2월 28일

지은이 | 강성애
펴낸이 | 남승우
펴낸곳 | 남두도서

주소 | 서울시 동작구 사당로9가길 6(사당동)
전화 | 02) 595-1692~4
팩스 | 02) 595-1394
등록 | 1998년 11월 4일 제5-76호
E-mail | namdoo6@unitel.co.kr

값 12,000원

ISBN 978-89-5780-156-7 04810
ISBN 978-89-5780-155-0 (전3권)

디자인 | 편집 이선경 / 표지 나아기획

그대를 사랑합니다. 1

강 성 애 지음

남두도서

들어가는 글

“우리 함께 하나님 나라에서 만날 수 있기를 소망합니다.”

김천대학교가 변화의 성장통을 겪고 있을 시기인 2008년 1월 첫째 주부터 기독교신문에 칼럼을 기고하기 시작했습니다.

그즈음은 번잡한 내외의 일들로 차분히 글쓰기가 쉽지 않았지만, 김천대학교를 조금이나마 더 많은 분께 소개할 수 있겠다는 마음으로 시작했습니다.

그러나 평소 성경을 읽고 필사와 설교를 통해… 육십 평생을 성경과 함께했음에도 바쁜 일정과 함께 규칙적인 이런 글쓰기는 쉽지 않았고, 또한 저에게 부족함이 많다는 것을 깨닫게 했습니다.

한편 칼럼을 쓰는 과정은, 세상 살면서 어느덧 무뎌진 가슴으로 대했던 가족, 교직원, 학생, 유학생, 이웃, 지나는 사람… 등을 유심히 보는 계기가 되었습니다.

무심한 말과 행동 그리고 눈길이 아니라, 마음을 담아서 말을 하고, 마음을 실어서 행동을 하게 되었으며, 더 따뜻하게 주변을 바라보게 되었습니다.

칼럼 내용이 제 속을 다 보여주는 것 같아 부끄러울 때가 한두 번이 아니었지만, “잘 보고 있다”, “감동 받았다”는 감사와 격려를 보내주시는 분들이 계셔서 큰 힘이 되었습니다.

우리 김천대학교와 하나님의 말씀을 전하고 싶은 마음에 시작했으나, 도리어 저의 부족을 절감하며 겸손해지고 저 자신이 늘 하나님과 교감하며 하나님께 더 나아가는 큰 은혜의 시간이었음을 고백합니다.

부족한 내용이지만 저의 생각과 느낌을 여러분과 함께 나누고 싶어, 기독교신문에 기고했던 2008년 1월부터 2010년 12월까지 만 3년의 글을 정리해 보았습니다. 이 글을 통해 온전한 여러분의 시간을 가져보는 사랑의 단초가 되시기를 바랍니다.

이 글들이 나오기까지 물심양면으로 애써주신 남두도서의 남승우 사장님과 김천대학교 가족 여러분께 진심으로 감사드리며 또한 모든 영광을 하나님께 돌립니다.

2015년 1월

김천대학교 총장 강 성 애

차례

차례

소망의 한해를 바라보면서……

한해가 지나고 새날이 되었다.
지난해는 수많은 갈등과 아픔들이
우리들의 영혼에
깊은 상처를 남겨놓았다.
그러나 우리 이제
희망 속에 새날을 바라볼 수 있기에
마음은 깊은 위안을 느낄 수 있다.

사마리아 여인이
갈증과 회한 속에서
많은 남자들을 찾으면서
마음의 위로와 안식을 얻으려 했던
구절이 생각이 난다.
우리네 지나간 삶은

사마리아 여인보다도
더 많은 갈증 속에 목말라하며,
세상을 향해 기웃거리며
방황하던 우리네 날들은 아니었던가.

이제 하나님께로부터
택함 받은 대통령이
우리의 새 리더가 되었다.
그러나 그분 역시도
많은 허물을 가진
한 사람의 인간이리라.

우리는 오로지,
그가 참 신앙을 지키며
하나님과 사람 앞에서
진정한 신앙의 리더로서
최선을 다할 수 있도록
깊은 애정과 격려로
힘껏 그를 밀어주어야 할 것이다.

그러나
우리의 진정한 신앙의 안식과 평화는
오직 영혼의 주인이신
하나님과의 만남에서만 이루어질 수 있다.

새날이 밝았다.
그러나 우리가
하나님과의 진정한 만남을
가지지 않았다면
우린 아직
새날의 새 안식을 가질 것이라고
기대할 순 없다.

우리에게
새로운 희망의 날과
믿음의 대통령을 주신 하나님께
다시금 감사를 드린다.
그러나
개인과 역사 속에
진정한 평화와 안식은
우리 모두의 숙제인 것이다.

참으로 행복하길 원하는가?
참으로 평안하길 원하는가?

그 해답은
오직 예수 안에 있으며
개인적으로, 지극히 개인적으로
지금 우리 자신이

주님과 어떠한 관계 속에 있느냐
하는 것이다.

그리고
우리의 새로운 대통령이
히스기야 왕처럼
하나님과 백성들을 섬기면서
마음을 다해 생명을 귀히 여기고
보살피는 믿음의 어진 지도자가 될 때에
우리는 또한 내일의 행복과 평안을
기대해 볼 수가 있는 것이다.

새해가 밝았다.
2008년은 지난해의 오보를 답습하지 않기를 바라면서
너로부터가 아닌
오직 나로부터
믿음의 바른 경주를 달려가기를
새해 아침에 조용히 다짐해 본다.

와인 한 잔에 치킨

오랜만에 가족들과 한 자리에서 야식을 먹었다.

와인 한 잔에 치킨 한 조각.

잔잔한 행복이 가슴에 스민다.

며칠 전 멀리서 공부하고 있는 딸이 약혼자와 함께 방문했다.

오랜만에 보는 얼굴, 마음이 기뻤다.

딸의 약혼자는 먹성이 좋고 성품이 따스하다.

딸을 아끼는 그 모습에 감사했다.

얼마 전, 같이 산책을 했는데 날씨가 많이 쌀쌀했다.

그러자 예비사위는 자신의 외투를 벗어서 딸에게 입혀주었다.

그러자 딸은 자신의 외투를 벗어서 나에게 입혀주었다.

서로를 사랑하고 아끼는 그 모습 속에 나의 가슴이 훈훈해졌다.

이 세상을 아름답게 하는 것, 그것은 사랑뿐이다.

부모가 자녀를 사랑하고 자녀가 부모를 공경하고 그리고 순결한 남녀가 서로를 사랑하고…….

이 순결하고 잔잔한 사랑이 차가운 이 세상을 훈훈하게 데우는 것이며 우리의 삶을 유지시키는 힘인 것이다.

하나님은 우리에게 말씀하신다.

"너희는 서로 사랑하라.

너희가 서로 사랑하면 하나님의 사랑이 너희 안에 있고 그리고 하나님의 사랑이 너희 속에서 온전하게 되었나니"

주님은 우리가 삶 속에서 행복하기 원하신다.

그 길은 주님의 뜻 안에서 순종하는 길이다.

그리고 주님의 뜻은 우리가 서로 사랑하는 길이다.

직장에서 동료들과 서로 사랑하고 만나는 사람마다 사랑하며, 우리에게 맡겨진 자녀를 사랑하고 그리고 맡겨진 학생들과 성도들을 사랑해야 할 것이다.

그 길이 당신이 행복하게 될 하나님이 말씀하신 진리의 길인 것이다.

그런데 당신은 진정으로 당신의 자녀와 자신 스스로를 사랑하고 있는가?

오늘도 하나님의 명령을 가슴에 새기면서 자녀들의 모습을 그윽이 바라본다.

그리고 날마다 잔잔한 사랑 속에 그리고 평범한 행복 속에 인생의 참된 기쁨과 평안을 누리며 살아가기 원한다.

이것이 주님이 원하시는 우리 삶의 행복의 길인 것이다.

빛의 사자

이집트에 큰 흉년이 있었다.

모든 백성이 굶주려 허덕이는 7년간의 깊은 어둠과 죽음의 흉년이었다.

그러나 그 난국을 일개 젊은 청년이 타개하였다.

그는 하나님의 신에 의해 깊이 감동된 사람, 요셉이었다.

하나님은 이집트의 왕 바로에게 장차 있을 일들을 꿈으로 보여주었다.

그러자 왕은 그 꿈의 해석을 고민하며 답답해하였고 하나님의 사람 요셉이 하나님에 의하여 왕 앞에 서게 되었다.

그 이후 극심한 재난으로 어둡던 이집트와 세계의 불황은 요셉에 의하여 그 여명이 밝아져갔다.

지금 우리는 세계적인 금융위기와 불황 속을 헤매고 있다.

이것을 어떻게 해결할 수 있을까?

우리시대는 하나님의 신에 의해 감동된 요셉을 필요로 하고 있다.

그런데 그 요셉은 바로 당신과 내가 되어야 한다는 것이다.

여호와를 경외하며 성령으로 충만된 요셉은 하나님의 지혜 속에서 세계의 생명을 구할 수가 있었다.

우리가 하나님을 경외하며 성령 충만, 사랑 충만으로 살아간다면 하나님은 당신을 직장에서, 사회에서 어둠을 밝히는 횃불로 높이 들어 쓰실 수 있을 것이다.

그리고 동일하게 당신은 생명과 평화의 사도로 불황과 불신앙의 어둠에서 빛의 길잡이가 될 수 있을 것이다.

길가의 낙엽이 수북이 쌓여 있고 아저씨들이 비를 들고 죽은 낙엽들을 쓸어내고 있다.

우리도 언젠가는 낙엽처럼 떨어져서 이 땅에서 사라질 것이다.

그러나 한번 사는 인생 잘 살아야겠다.

기왕 살 바에야 성령 충만, 사랑 충만, 말씀 충만으로 살아간다면 심각한 어둠의 땅을 당신을 통하여서 생명의 빛으로 인도할 수 있다.

그리고 그 귀한 생명의 사역을 위하여 우리의 목숨을 다 바침이 가장 복된 길일 것이다.

당신과 내가 이 시대에 빛의 사도 요셉이 되기를 소망해 보면서 오늘도 하늘을 우러러 하나님의 은혜를 간절히 기다려 보자.

"지혜로운 사람은 하늘의 밝은 별처럼 빛날 것이다.

사람들을 올바른 길로 이끈 사람은 영혼이 별처럼 빛날 것이다." (다니엘 12 : 3)

죽음의 잠에서 깨어나라 1

베수비오 산 화산 폭발로
땅속에 2000년 가까이 묻혀 있던
로마의 옛 도시 폼페이 시가
최근 발굴 작업을 통하여
그 모습을 드러냈다.
김천대학교 일행은 그곳에 도착했다.

폼페이 시.
발굴된 그 도시는 놀라울 정도로 문화와 건축이 발달되었고
원형경기장, 검투장, 목욕탕, 상점, 거리 등을 볼 수 있었다.
우린 또한 돌로 변한 귀족과 노예의 모습을
볼 수 있었는데, 그들의 얼굴은
고통 속에 처참하게 이지러지고 뒤틀려 있었다.
도로 중간쯤에 남자 생식기 모양이 돌에 새겨져 있었고

그것은 사창가로 인도하는 표시였다.
사창가에는 여러 모양의 성의 자세가
각방 문 위에 그려져 있었고
각방에는 돌침대가 놓여 있었다.
얼마를 지나 커다란 공중목욕탕을 보았고
그 벽엔 많은 누드조각들이 장식되어 있었다.
폼페이 시는 부유하고 음란한
로마의 상업도시였음을 느낄 수 있었다.

그러나 음란과 사치의 그 시대에
순결한 많은 초대 크리스천들은
저들에 의해 뜨거운 피를 흘리며
처참하게 죽어갔다.

불에 태워져 죽어갔고
사자에게 찢겨 먹혔으며
양가죽으로 그 몸이 덮여, 맹수의 밥으로
그렇게 던져졌다.

A. D. 68년에는 바울이 목 베임을 당했고
A. D. 69년에는 베드로가 처형당했다.
수많은 크리스천이 음란과 쾌락을 추구하는
잔인한 저들에 의해
처참히 죽어갔음이

가슴 쓰리게 느껴졌다.

그러나 하나님은
이 모든 것을 보고 계셨으며
결코 침묵하지 않으셨다.

A. D. 79년,
아직도 그 자리에 버티고 있는 그 베수비오 산은
그때에 폼페이를 향하여
그 깊은 입을 벌렸으며
음란한 그 도시를 향하여
뜨거운 유황불 물을 토해 내었다.
무서운 검은 버섯 연기 기둥이
타락한 저들이 모두 질식해 죽기까지
그렇게 그 위에 머물러 있었다고 전해졌다.

주님의 심탄과
주님의 분노와 주님의 눈물.
잔인하고 음란한 도시를
주님은 불로써 그렇게 태워버리셨다.

죽음의 잠에서 깨어나라 2

얼마 전, 발굴 작업을 통하여
세상에 드러난 그 폼페이 시는
공의의 하나님과 그 심판의 메시지를
강력하게 우리에게 말씀하고 계셨다.

그런데,
과연 저들만이 더럽고 가증한 것일까?
우리는,
아니 나는 추하지 않은가?
나는 나 자신도 심히 추한 저들 중의 하나임을
고백하면서
소돔과 고모라의 심판과
폼페이의 심판,
그리고 마지막 날의 심판들을 묵상해 보았다.

사랑의 하나님은 또한 공의의 하나님이시다.
그의 형상으로 우리를 창조하신 하나님은
성적인 축복과 함께
거룩하고 아름다운 우리들의 삶을 기대하고 계신다.
하지만, 어리석고 지각없는 자들은
음란과 쾌락을 추구하면서
더러운 행실로 자기를 창조하신 하나님을
여전히 대적하고 있다.

영원한 죽음이
하나님을 대적하는 모든 자에게 내려질 것이다.

사람이 태어나 한번 죽는 것은
정해진 운명이다.
그러나 그 후에 영원한 천국이
그를 기다리는 자가 있을 것이며
또한 뜨거운 유황불 물이
그들의 영원한 처소인 자들도 있을 것이다.

우리는 예수님의 희생으로 인하여
이 지옥의 형벌에서 구원되었음이 축복이지만
그 축복을 받은 자는
추하고 더러운 모든 길에서 돌아서야 하는 것이
당연한 일인 것이다.

그것이 십자가의 경고의 메시지이며,
주님이 원하시는 진실한 믿음의 길인 것이다.

성경에 말하는바, 그 심판의 날은
폼페이와는 비교할 수도 없이
크고 무서운 형벌의 날이며,
온 세계에 임할 거대한 심판의 날이다.

하늘의 별들이 떨어지고
지진으로 땅은 갈라지며
종이 말리듯 하늘이 말리며
칠흑 같은 어둠이 이 땅을 덮을 것이라고
성경은 말씀하고 계신다.
그리고 수많은 사람들이
겁에 질려 이리 뛰고 저리 뛸 것이며
그때에 주님은,
그의 수많은 백성과 그의 천군 천사들과 함께
저들 앞에 강림하실 것이다.

그날, 그 심판의 날에
주님과 함께 강림하기 위하여
오늘이라는, 살아 있는 이 날에
사랑과 진실의 길을 매 순간 선택하면서,
날마다 거룩 된 삶을 살아야 할 것이다.

“보라 이전 것은 지나갔으니,
이제 새것이 되었도다!”(고후 5 : 17)의 말씀처럼,
우리 죽음의 잠에서 이제 깨어나,
추하고 더러운 옛 행실을 벗어버리고
빛과 사랑으로 단장된
언어와 생활로써
빛의 아버지께 영광을 돌리며
날마다 당당하게 살아야 할 것이다.

우리가 불을 밝히지 못하면
누가 빛을 볼 수 있으며,
누가 그 길을 찾을 수 있을 것인가?

김천대학교가, 우리가
진리의 빛을 밝혀야만,
조금이라도 더 많은 사람이
죽음의 길에서
유혹과 더러운 어둠의 길에서
돌아설 수 있을 것이다.

폼페이는 영원한 지옥의 형벌을
사실로써 우리에게 경고하고 보여준
하나님의 강력한 사랑의 메시지이다.

영원한 생명을 바라보면서
하나님과 거룩을 이제 선택하리라.
날마다, 순간마다 선택하리라.
빛을 따라, 빛의 길을 걸어가리라.
하나님 앞에서
순간마다 정결하게 살아가리라.
오직 주님과 함께
나의 이 인생길을 걸어가리라.
아멘.

음악 선교사

얼마 전, 특별공연이 있었다.

어릴 적 TV를 통해 본 원로 가수의 공연이었다.

칠십의 연세에도 불구하고 그분의 가창력은 놀라웠고 많은 관객은 감동과 기쁨 속에 모처럼 행복한 시간을 가졌다.

더욱 눈길을 끈 것이 영상과 조명과 오케스트라 음악이 하나가 되는 아름다운 조화였다.

그분의 스텝들의 팀워크와 헌신적인 노력이 무대 위의 주인공과 하나가 되어 놀라운 감동을 자아내었고 그분을 사랑하는 관객들의 호흡도 하나가 되면서 음악 속에 행복의 물결이 흐르고 있었다.

더 감동적인 것은 마지막 그분의 노래 어메이징 그레이스였다.

뜨거운 그분의 신앙고백과 함께 주위는 갑자기 숙연해졌다.

그분이 크리스천이 되어서 하나님의 영광을 위하여 마지막 무대를 주님께 드린 것이다.

가슴에 깊은 감사가 넘쳐흘렀다.

하나님은 그분으로 인하여 영광 받으셨고 놀라움과 감동이 관중 속에 파고들었다.

그분은 음악 선교사가 되어 대중 속으로, 우리 곁으로 돌아온 것이다.

무엇이 그분을 이토록 변하게 하였을까?

아마도 그분을 사랑하는 누군가가 복음의 씨를 뿌렸을 것이다.

그리고 사랑 속에 꾸준한 노력을 다했을 것이다.

하나님은 간절한 그의 기도를 받으셨고 그래서 이렇게 역사하신 것이다.

이제 그분의 이름 속에 하나님의 이름과 하나님의 은혜는 가공되어서 우리 곁에 감동으로 심어지게 되었다.

그녀의 여정 속에 함께하시고 키우시고 또 다른 사명 속에 영광 받으시는 주님을 찬양한다.

그리고 우리의 삶도 하나님이 늘 함께하시며 우리의 모든 사역의 장 속에서 하나님 역사하시길 소원해 본다.

우리도 우리의 교육 무대에서 언제나 어메이징 그레이스를 우리 삶을 통하여 부를 수 있기를 소원해 보며, 그녀를 음악 선교사로 우리 곁에 보내신 주님을 다시 한 번 찬양하였다.

할렐루야!

참교육자의 길

2009년도가 밝았다.

희망으로 꿈에 부풀어야 할 새해지만, 경제 불황과 함께 다가온 교육계의 한파가 우리를 움츠러들게 한다.

이 한파 속에 우리 교육자들은 어떠한 길을 걸어야 할 것인가?

분명한 것은 '하나님이 기뻐하시는 참교육자가 되어야 한다'는 것이다.

그렇다면 '참교육자'는 어떠한 자인가?

그것은 부모의 마음을 가지고 학생들의 미래를 소중히 여기며 저들의 가능성을 최대한 이끌어 주는 자여야 한다는 것이다.

학생 한 사람 한 사람을 푸른 초장으로 인도해 주는 선한 목자의 길, 그 길이 하나님이 인정한 길이며 하늘을 감동하게 하는 길이라고 생각한다.

그러기 위해서는 교육자가 먼저 진정한 인격의 소유자가 되어야 한다는 것이다.

진정한 인격은 무엇보다도 정직하고 깨끗한 그릇이 되어야 한다는 것이다.

하나님은 더러운 그릇에는 임하실 수 없고, 정직하지 못한 사심의 눈을 가진 교육자는 영혼의 이리와 같다고 말씀하고 계시기 때문이다.

두 번째로 하나님이 기뻐하는 교육자는 겸손한 인격을 가진 참스승이어야 한다.

하나님은 교만한 자를 물리치시고 겸손한 자를 가까이하신다.

그래서 겸손한 교육자는 하나님과 늘 동행할 수 있는 자이다.

세 번째로 하나님이 기뻐하는 참교육자는 영혼을 사랑하며 영혼을 위하여 함께 울고 웃으며 사명에 헌신하는 자이다.

수많은 학생이 등수가 인격이 되고 친구가 적이 되는 경쟁의 올가미 속에서 열등감과 패배의식으로 밝게 자라지 못하고 있다.

엄청난 경쟁의 무게가 힘들어 수많은 학생이 조기 유학을 떠나거나 자포자기로 비행청소년이 되기도 한다.

진정한 스승은 학생 한 사람 한 사람을 사랑하며 저들의 이름을 불러 주고 저들 속에 하나님의 형상이 회복될 때까지 함께 사랑의 몸부림을 그치지 않는 자이다.

기축년이 밝았다.

경제와 교육의 한파가 매섭게 우리를 할퀴고 있지만, 더 나은 스승이 되기 위하여 부단히 노력한다면 하늘은 분명히 우리의 편이 될 것이다.

그리고 그 한파까지도 성숙의 도구가 될 수 있기에 범사에 감사하며 살게 되리라.

진정한 교육자는 고난 속에서도 굴하지 않고 사랑 속에서 영원을 바라보는 자이기에…….

이 땅의 고민하는 모든 교육자에게 진실한 격려와 위로를 2009년 새해에 바치고 싶다.

태안반도와 순결

바다는 아파하고 있었다.
그 파도는, 노여워하고 있었고
기름을 머금은 모래는
고통을 애써 감추고 있었다.

태안반도의 만리포 해수욕장.
오염된 기름을 닦아낸 쓰레기 봉지가 수북이
쌓여 있었고, 많은 가게는 휑하니 비어 있었다.
역겨운 냄새에 속이 울렁거렸다.
더러운 오물처럼, 기름을 머금은 파도는
계속 밀려오고 있었다.

누군가 모래 속을 향하여 소방용 호수로
힘껏 물을 분사하고 있었다.

그러자, 시커먼 물기름 덩이가 모래 위로 둥둥 떠올랐다.
그리고 더러운 기름이 다시 바다로 흘러들어 갔다.
우리는 흡착포를 들고,
오염된 파도를 향해 힘껏 내던졌다.
조금이라도 더 빨아들이며,
더 맑아지기를 소망하면서.

한참을 그렇게 하고 있을 때
옆에서 조개가 발견되었다.
조개는 뚜껑이 뜯긴 채 죽어 있었다.
"얼마나 많은 조개가 이 모래 속에서
고통받으며 죽어갔을까?
그리고 얼마나 많은 사람이 일터를 잃고
방황할 것인가?"
마음이 무척 아파져 왔다.

주님은 우리에게 "생육하고, 번성하며, 땅을 관리하라"고
말씀하셨다. 그러나 물질문명이 발전하면서
우리는, 더 많은 생태계에 위협을 일으켜 왔다.
이번 재난으로 인해서도,
수많은 생명들이 죽어갔으며,
자연과 인간 모두 깊이 탄식하고 있다.
100만이 넘는 자원봉사자들로 인하여
표면적 많은 부분이 청소되고 있지만,

오염된 기름 파도가 모래사장에 철썩일 때마다
모래는 유독 기름을 속으로 더 깊이 빨아들이면서
겉으로는 그 모습을 애써 감추고 있었다.
마치, 겉은 멀쩡하지만
속은 각종 암과 질병으로 고통받는 환자처럼,
그리고 수많은 죄악으로 썩어가는 우리네 영혼처럼.

많은 사람이 시커먼 기름때를 닦아낼 때에
그보다 더 무서운 자신의 영혼의 기름때 역시
인식하지 않았을까?
자연의 아픔과 더불어,
자연의 내면의 울음소리도 우리는 들어야 할 것이다.
그리고 오염으로 더럽혀진 돌들을 닦듯이,
우리 자신의 추한 이기심, 욕심들을 함께 닦아야 할 것이다.

태안반도의 재앙은,
많은 숙제와 물음들을 우리에게 안겨주고 있다.
수많은 모래 속에 숨겨 있는 유독한 기름은
어찌할 것이며,
또한 기름때보다 더 무서운 시커먼 죽음의 죄악은
어찌할 것인가?
"회칠한 무덤 같으니, 너희는 겉은 깨끗해 보이나
그 속은 악들과 탐욕으로 가득하도다."
주님의 노여워하시는 말씀이 생각이 난다.

주님은 또다시 말씀하신다.

“먼저 네 안을 깨끗이 씻어라. 그리하여야 그 안과 밖이 다 깨끗하리라.”

주님은 태안반도를 통하여 어쩌면
그 돌들을 닦고 있는 우리 모두에게 이 말씀을 주시면서
우리들의 삶을 다시금 점검하고
주님을 사랑했던 순결했던 그 첫사랑의 신앙으로 돌아가라고,
그리고 모든 사람은 그 영혼의 더러움을 씻고
주님의 재림을 준비하라고 경고하시는
그 메시지는 아닐는지…….

또한, 우리 모두가 오염된 영혼의 때를
예수님의 보혈로 날마다 씻겨내면서
더 맑고 깨끗한 눈과 마음으로
자연을 소중히 여기며 그 안에서 기뻐하고 돌볼 수만 있다면
그것이
자연과 더불어 우리 모두 살 수 있는
행복의 길이 아닌가 생각해 본다.

예수 안의 참 평화

얼마 전, 마이클 잭슨이 사망했다는 소식을 들었다.

사인은 모르핀 치사량을 늘려가다 심장이 멈추었다는 것이다.

그래서 그의 주치의를 추궁 중이라고 알려졌다.

그는 인기와 돈과 명예를 다 가졌던 세계 연예계의 황제였다.

우리나라에 마이클 잭슨이 방문했을 때 수많은 관중이 열광했던 일이 생각난다.

그는 겉으로 보기에 모든 것을 다 갖고 있었던, 부족함이 없게 느껴진 억만장자였다.

그러나 그의 마음속에는 채울 수 없는 공허와 아픔이 가득하였고 그는 모르핀을 맞고서야 잠이 들 수 있었다.

그리고 그 양을 점차로 늘리다 보니 결국 그는 그렇게 세상을 떠난 것이다.

이 얼마나 비극적인 일인가?

이 세상의 부귀영화로는 우리 영혼의 진정한 만족을 얻을 수 없다.

오직 십자가 밑에서만 진정한 평화와 안식을 얻을 수 있다.

12년 동안 혈우병으로 고통받던 한 여인이 기억난다.

그녀는 세상에서 버림받았고 사회에서 잊힌 불쌍한 여인이었다.

그러나 그녀는 주님의 소문을 듣게 되었고 예수님께 구원의 소원을 하게 되었다.

그리고 그녀는 주님을 만나기 위해 군중 속으로 파고들었으며 진실한 믿음의 터치 속에서 하나님의 치료 은혜를 입게 되었다.

진정한 구원과 회복과 치료를 그녀는 주님을 통하여 얻게 되었다.

주님은 오늘도 우리에게 말씀하신다.

세상의 부귀영화로는 영혼의 참 평안과 영원한 행복을 얻을 수 없다.

그것은 오직 예수 안에서만 가능하다.

우리가 어떠한 지독한 질병에 걸렸다 할지라도 주님은 당신을 사랑하시며, 당신을 치료하실 수 있다.

주님은 이 시간 두 팔을 벌리시며 고독한 당신과 나를 기다리신다.

우리 이제 삶의 초점을 오직 주님께만 맞추자.

그리고 우리의 멍든 가슴을 주님께 내려놓자.

오직 주님으로 하여금 우리 마음의 아픔과 질병을 치료해 주시기를 간구하자.

믿음의 간구는 예수 안에서 진정한 회복과 평안을 갖고 올 것이다.

그리하여 요란한 이 사회 속에서도 우리 내면의 진정 기쁨과 참 평안을 누리며 오직 삶 속에서 날마다 믿음의 참 승리자로 살아가기로 하자.

사랑의 임상센터

우리 지역에는 소외되고 어려운 노인들과 장애우들이 많다.

우리 대학은 보건의료 보건·복지 특성화 대학으로 6년 연속 취업률 최우수 그룹에 속하고 있다.

그러나 실천이 없는 사랑은 헛것이며 머리에만 둔 지식은 쓸모가 없다.

진정한 교육은 머리에서 가슴으로 그리고 손과 발로 용해되어서 삶에 적용돼야 한다고 생각한다.

그리고 사랑은 우리들의 가슴과 손끝에서 표현되어야 하며, 섬김으로써 그 열매를 맺는다고 믿고 있다.

그것이 기독교 이념 속에 주님이 기뻐하시는 대학임을 깨닫고 우리는 매주 목요일은 목요채플 속에 진리를 가르치고 있다.

그리고 또 매주 금요일은 외국학생을 위한 국제 예배와 지역의 소외된 장애우와 불우이웃을 위한 임상센터 봉사의 시간이 있다.

지역의 연로한 어르신들을 교수님과 학생들이 하나가 되어서 섬김과 봉사로써 그 정신을 실천하고 있다.

모두 흰 가운을 입고 물리치료로, 발마사지로, 구강치아 봉사로 그리고 이미용으로 어르신들을 섬긴다.

그 후에는 찬양과 식사로서 정성스레 어르신들을 대접한다.

이처럼 살아 있는 교육, 살아 있는 봉사로 삶을 아름답게 수놓는 교수와 제자들의 모습은 감동 그 자체다.

매서운 겨울이지만 사랑하는 제자들이 있고 존경하는 교수님들이 계시는 이 교육의 상아탑이 우리들의 가슴을 훈훈하게 덥혀온다.

세월이 가고 또 가도 하나님을 향한 우리의 사랑과 이웃을 향한 우리의 마음은 교육과 섬김과 예배 속에서 계속될 것이다.

그리고 그 길만이 어두운 우리 사회를 하나님이 기뻐하시는 진정한 진리의 나라로 물들일 수 있는 우리의 일이기 때문이며 또한 저 천국을 소유할 수 있는 알곡의 삶이기 때문이다.

사랑하는 대한의 아들딸들이여! 그리고 귀한 교육의 동역자들이여!

사랑으로 세상을 아름답게 물들이기까지 우리의 의미 있는 이 몸부림들이 영원하길 소망해 보면서 2009년 기축년에도 다시금 아름다운 헌신을 호소해 봅니다.

사랑합니다.

모나리자와 성형

얼마 전, 서울 강남역 근처에
너무나 많은 성형외과와 피부과 병원들이 있는 것을 보고 놀랐다.

사람은 외모를 보지만 하나님은 중심을 보신다는 말씀이 생각났다.
하지만 사람은 외모를 보고 판단하기에
많은 사람이 자신의 외형적 콤플렉스를 숨기고 싶어서
성형외과를 찾는 것 같다.
그리고 뿌리 깊은 곳에서는
사랑받고 싶다는 내면의 갈증이 내포되어 있다는 생각이 들었다.

그러나 진정한 사랑과 행복이
과연 외모지상주의 속에 영원히 머무를 것인가는
모든 사람이 생각해야 할 숙제이다.
얼마 전, 루브르 박물관을 방문했었다.

그곳엔 수많은 관광객이 있었고
특별히 그 박물관의 3대 보물 중 하나인
모나리자에 몰려 있었다.

모나리자는 다른 작품에 비하면
그 규모가 지극히 작고 또 소박해 보였다.
그런데 그곳에는 경찰들이 바리케이드를 치고
그 작품을 보호하고 있었다.
나는 그 작품의 매력이 무엇인지
무척 궁금해졌다.

모나리자는
그 눈이 사방 어느 각도에서 보든
상대방과 그 눈을 마주 본다는 것이다.
입가에는 여전히 따스한 미소를 머금은 채로…….

이것이 이유였다.
모든 사람은 고독하고 외롭다.
그래서 이 모나리자처럼 어느 각도, 어느 환경에
있든지 자신을 있는 그대로 바라봐주며
인자하고 따스한 미소로써
자신을 용납해 주길 바라는
인간의 깊고 고독한 욕구 때문이었다.

사랑받고 싶어서
그리고 그 사랑이 영원히 자신에게 머물게 하고 싶어서
오늘도 성형에 몸 바치는
외모지상주의 서울의 하늘에 대해
중세의 여인 모나리자는
말 없는 깊은 메시지를 전하고 있다.

첫째 사랑은 주는 것이며
참된 행복은 사랑을 받으려 할 때가 아니라
줄 때에 있다는 것이다.
둘째 외적인 눈매와 입매의 아름다움보다
그 눈과 입으로 상대를 진정으로 용납하고
배려함이 그윽한 참된 아름다움이라는 것이다.
셋째 우리가 누구를 만나든
그에게 용기를 주며 그를 참마음과 사랑으로 품어주고
그에게 따스한 사랑의 미소를 보낼 수만 있다면
우리가 비록 피렌체의 모나리자는 아닐지라도
또 다른 이 시대의
진정한 아름다운 모나리자로
살아갈 수 있다는 것이다.

그렇다.
고독한 우리 세대는 모나리자를 진정 필요로 한다.
사랑받기보다는 사랑을 줄줄 알고

가슴에 난 상처를 마음으로 품어줄 줄 아는,
그리고 하나님의 영원한 사랑이
입가에 미소되어 흘러나오는
모나리자 크리스천들을
이 시대는 절실히 필요로 하고 있다.

영원을 사랑하며
가슴에 사랑의 흔적이 있는 자여!
그대가 이 시대를 품어야 하는 진정한 모나리자가 아닐는지…….
그렇다면 그 미소를 보내다오,
외롭고 고독한 이 사회 속으로.
그리고 잃어버린 삭막한 영혼들을
사랑하며 구원하기 위하여.

성숙된 나라

친구와 만남을 약속하고 행사가 열리는 지방으로 갔다.

그러나 친구는 사람들에게 둘러싸여 있어 만나기가 힘들었다.

설상가상으로 그곳 행사장의 의전은 심히 서툴렀고 오는 손님들은 무척 불편해했다.

나는 함께 간 직원과 함께 이 문제에 대해 곰곰이 생각해 보았다.

우리나라는 정이 많은 민족이다.

그러다 보니 좋을 때는 간도 빼줄 듯이 잘해주지만 상대를 모르는 경우는 퉁명스럽고 심히 불친절하다.

우리나라가 경제선진국이라고는 하지만 우리의 정신적인 삶의 수준은 지극히 낮게 느껴진다.

풍요 속에 정신적인 빈곤이 깊게 느껴진다.

이스라엘 여로보암왕 시대에 하나님은,

“이 민족이 입술로는 주여, 주여 하지만 삶은 위선투성이며 마음으로는 돈의 신 바알을 따르고 쾌락의 신 아세라 상을 숭배하고 있다”

고 한탄하셨다.

우리나라는 기독교인이 많지만 밝은 삶의 빛을 비추어 주지 못하고 있다.

그래서 사회는 빛을 보지 못하고 정신적인 빈곤 속에 비틀거리며 방황하고 있다.

오늘 수많은 사람이 행사장을 오가고 있었다.

그러나 진정 마음의 축하와 기쁨을 가진 자는 극소수였을 것이다.

우리는 변해야 한다.

좀 더 신실하고 타인에 대한 존중과 배려의 마음을 기울일 줄 아는 성숙함을 배워야 한다. 그리고 그것은 우리 기독교인이 먼저 실행해야 할 실천적인 삶의 태도여야 할 것이다.

성경에 총명의 단어를 Understanding, 즉 이해라는 단어를 썼다.

진실로 상대에 대한 이해와 배려를 할 줄 아는 민족이 총명한 민족이며 우수한 나라가 될 것이다.

지극히 적은 일 또는 적은 자에게 관심을 쏟고, 사랑과 배려를 실천하는 자, 그러한 자가 점점 많아지게 될 때 우리나라는 진실로 소망이 있으며 하나님과 세계가 인정하는 살기 좋은 우수한 나라로 변할 수 있을 것이다.

그러나 중요한 그 일은 바로 당신과 나로부터 실천되어야 하며 당신과 나의 의식이 변할 때에야 가능할 것이다.

그런데 당신은 이 일을 기꺼이 하고자 마음을 기울이고 있는가?

스스로를 돌아보아야 할 것이다.

하나님 앞에서

정신과 문화와 역사가 숨 쉬는 곳
이탈리아의 피렌체 마을을 방문했다.
우리는 그곳에서 성 십자가 성당을 찾았다.
성당 정원에는 레오나르도 다빈치, 미켈란젤로, 라파엘로가 잠들어 있었다.

과거와 현재가 교차하는 그곳에서
하나님의 사람 '미켈란젤로'를 생각하면서
깊은 감동 속에 그를 느껴보았다.

어두운 중세 암흑기에 믿음을 지켰던 하나님의 사람.
중세신앙이 면죄부와 함께 마리아에게로 쏠려 있던 혼돈된 그때에
오직 예수님만이 구원 주 되시고
심판 주 되심을 그림을 통하여 강하게 증거하고 있다.

진정한 장인은 죽지 않는다.
그의 삶과 그의 일에 영혼의 핏방울이 서려 있다면
그는 살아서 진리를 이야기할 것이며
하나님에 의해 그는 영원히 높여질 것이다.

당시 그는 어두운 시스틴 성당 높이 불을 켜가며
천장 구석구석 최선을 다해 그림을 그려가고 있었다.
몇 년을 그렇게 한 결과 그는 몸이 몹시 허약해졌으며
시력은 무척 어두워졌다.
보다 못한 그의 친구가 "누가 보기에 그 천장 구석구석까지 그렇게 열심히, 세밀히 그리느냐"고 그를 말렸다.
그때에 미켈란젤로는 "하나님이 보고 계신다"라고 대답하며 여전히 그의 최선을 다하였다.

그렇다. 그는 하나님을 사랑했고 하나님 앞에서 살았던 것이다.
그는 자기의 신앙고백을 그의 붓끝에 담아 생명을 다하여 하나님 앞에서 그렸다.
때문에 그의 작품은 살아서 진리의 빛을 발하게 되었고
그의 성화 앞에서 오늘도 우리는 마음의 옷깃을 다시 고칠 수 있게 된 것이다.

그렇다. 우리도 우리 삶의 현장에서 무슨 일을 하든 하나님 앞에서 살아야 한다.
하나님이 우리에게 원하시는 것은 '하나님 앞에서'의 의식 속에 살아가는 것이다.

그렇게 살아갈 때 우리는 거룩을 유지할 수 있으며
또한 세상에 빠지지 않고 신앙의 순수함을 지킬 수 있을 것이다.
그리고 외롭고 힘들어도
절망하거나 타협하지 않고
오히려 그 고난을 통하여 하나님께 더 가까이
나아가는 디딤돌이 될 수 있을 것이다.

오늘도 우리에게는
수많은 문제가 산재해 있다.
그 모든 것을 신앙으로 수행하기 위해서는
피렌체의 미켈란젤로처럼, 누가 보든 안 보든
오직 하나님은 보고 계시니
천장 구석구석까지 나의 최선을 다한다는 마음이 필요하다.

그렇게 할 때, 나의 삶은 살아 있는 시스틴 성당의
진리의 그림이 될 수 있으며
살아 있는 그 진리의 그림은 또 다른 영혼들을
주께로 인도하는 귀한 생명의 도구가 될 수 있을 것이다.

오늘도 피렌체의 사람 '미켈란젤로'를 생각해 보며
'하나님 앞에서' 살아가기를
조용히 다짐해 본다.

아름다운 만남과 사랑

이 세상의 가장 귀한 것, 그것은 사랑일 것이다.

그러나 영이 다른 남녀의 사랑과 또한 거짓된 사랑만큼 우리를 힘들게 하는 것이 없다.

한 남자가 있었다.

그 남자는 힘이 상당히 셌다.

그래서 그는 상대 적국 나라의 큰 고민거리였다.

그 원수나라는 그에게 늘 촉각을 세우며 주목하고 있었고 그를 잡으려는 온갖 기회를 넘보고 있었다.

그런데 이 남자가 그 적국 나라의 여자에게 마음을 빼앗긴 것이다.

그녀의 외모는 너무나 아름다웠고 그의 마음을 사로잡았다.

그녀에게 매혹된 그는 그녀와 함께 몸과 마음을 나누었고, 온통 그녀에게 눈이 멀게 되었다.

그러나 그녀는 이 남자와는 달랐다.

그녀는 돈에 눈이 멀었고 거짓 사랑을 고백한 것이었다.

그녀는 그 힘의 비밀을 알고 싶어서 거짓된 사랑의 모습을 사용하였다.

그러나 이미 그 여인에게 눈이 먼 그는 말해서는 안 될 자신의 비밀을 그녀에게 다 불게 된다.

간악한 그 여인은 사랑을 배반하며 그 남자를 적국의 손에 넘긴다.

어리석은 그 남자는 결국 두 눈이 뽑히고, 그리고 죽음의 쇠사슬에 묶이고 만다.

사랑은 아름답다.

그러나 우리는 거짓된 사랑을 늘 경계해야 한다.

특별히 영이 다른 사람과의 사랑은 심히 위험하다.

자신의 신앙 그리고 그 삶까지 고통 속에 빠지는 큰 위험요소이기 때문이다.

이스라엘 역대 왕들의 기록 속에서, 하나님을 경외하는 여인과의 사랑과 가정은 위대한 왕들을 탄생시켰다.

그러나 이세벨 같은 악한 여인은 자신의 가정과 나라와 그리고 자신까지 파탄에 빠뜨리는 처참한 악역의 주인공이 되었다.

당신은 어떠한가?

당신의 자녀와 가정은 안전한가?

이 시간 우리들의 자녀와 가정을 돌아보기로 하자.

그리고 아름다운 사랑과 만남을 위하여, 그리고 소중한 우리들의 자녀와 가정들을 위해 조용히 기도하기로 하자.

아름다운 믿음의 여인만이 당신과 당신 가정의 진정한 행복의 통로가 될 수 있기 때문이다.

언어는 그 인격이다

아끼는 직원이 있다.

그는 매사에 신뢰할 수 있는 성실한 사람이다.

그런데 어제 그는 무척 고통스러워했다.

이유인즉, 한 전화를 받았는데 상대방으로부터 마음의 깊은 상처를 받았다는 것이다.

말로 인격적인 모욕을 당하고 억울한 욕설을 받았지만 항거할 수가 없었다.

우리는 살면서 말로 수많은 상처를 입고 또 입히곤 한다.

성경에 "때에 맞는 말은 은쟁반의 금 사과와 같다"고 했고 "어리석은 자는 그 분노를 급하게 다 드러낸다"고 하였다.

우리는 너무 어리석은 자의 삶을 살곤 하는 것 같다.

상대방의 입장과 상대방의 의견을 듣기보다는 자신의 편견과 고집으로 인해 급히 분을 내고 후회하곤 한다.

그러나 잔인한 언어는 실상은 상대와 자신을 죽이고 있다.

또한, 그 상처는 이간질이 되어서 직장 전체를 어지럽히곤 한다.

우린 성숙하여야 한다.

무엇보다 언어에서 성숙하여야 하며 마음 그릇에 있어서 너그러워져야 한다.

인간의 자존심이 다듬어지지 않은 거친 언어로 인해 상처 입을 때 우리는 분노를 폭발하고 만다.

그런데 그 분노는 자신을 죽이며 또 상대를 죽이는 깊은 독소가 되는 것이다.

한 사람이 한 시간 동안 분노한 코의 기체를 담아 쥐에게 주사했더니 쥐는 즉사하였다고 한다.

실험 결과 한 사람의 분노의 독소가 백 명을 죽일 수 있는 독이 된다고 하였다.

그러니 우리 사회는 죽이고 죽는 독소로 가득한 것이 아닌가?

우리 이제 자신을 살펴보아야겠다.

나로 인해 내 아들과 딸이 죽어가고 있는 것은 아닌지…….

우리의 조급한 언어와 성격이 우리의 가정과 직장을 괴롭히는 일은 없는지 이제 우리 자신을 돌아보면서 치료의 주님께로 돌아가자.

그리고 못된 이 성격과 이 입술을 고쳐 달라고 기도드리자.

언어는 그 인격이다.

올해는 더 너그럽고 더 경청하는 해가 되기를 소망하면서 우리로 인해 상처받은 모든 분께 용서를 구하는 회복의 시간이 되기를 소원해 보자.

다니엘과 사교육비

우리나라는 사교육비가 연간 30조에 달한다. 이것은 우리를 슬프게 한다.

또한, 요즈음 영어교육 이슈로 나라가 계속 달아오르고 있고 로스쿨 배정 여하로 교육계가 심히 어지럽다.

이 모든 것은, 우리나라의 교육열이 너무 높기 때문이라 생각한다.

그러나 그러한 교육열과 비례하여 우리의 많은 젊은이가 대학졸업과 함께 실업자로 떠밀려지고 있으며, 이 슬픈 현실 앞에 우리는 가슴이 무너짐을 느낀다.

구약의 한 젊은이가 생각이 난다.

그는 바벨론의 포로로 유다에서 끌려온 청년이었다.

다행히 그는 자기의 세 친구와 함께 포로가 되었기에 고통 속에서도 그나마 위로를 받을 수가 있었다.

그런데 하나님은 이 젊은이와 친구들을 위한 원대한 계획을 갖고 계셨다.

바벨론 왕은 자기를 섬길 젊은이들을 원했다. 그것도 속국 나라 백성 중에서.

때문에 그는 지혜와 총명이 뛰어나고 흠이 없는 젊은이 중에서 택하여 바벨론의 언어와 학문을 익히기를 원했다.

그리고 그들의 체력을 위하여 왕은 자신의 귀한 음식을 배정해 주었다. 돼지고기를 포함한 와인과 함께.

그런데 유대의 포로 중 다니엘과 그의 친구들은 하나님을 사랑했고 그의 말씀을 생명처럼 귀히 여겼다.

비록 포로가 된 형편이지만 어느 곳에서든 무엇에서든 자신의 성결을 지키기를 원했고 그것이 그들의 가장 큰 이슈가 되었다.

그래서 그들은 왕의 진미 음식을 거절하고 오히려 채소와 물만을 요구하기에 이르렀다.

이것은 대단한 용기였다.

일개 포로가 왕의 음식을 물리치는 것은 생명과 바꾸는 용기라고 할 수 있다.

그만큼 그들은 거룩을 사랑했다.

그렇다. 산해진미를 찾아다니는 세상 풍조와는 달리 거룩을 사랑하는 저들을 하나님은 깊이 사랑하셨고, 그리고 일평생 저들의 보호자가 되어 주셨다.

하나님을 사랑하며 자신의 순결을 지키고자 애썼던 저들은 하나님의 은혜로 바벨론의 언어를 습득했고 바벨론의 모든 학문을 통달할 수 있었다.

그래서 다니엘과 그 친구들은 바벨론의 모든 학자보다 10배나 더 한 지식자와 지혜자로 인정받게 되었고 그들은 적국 나라에서 최고의 총독과 참모들이 되었다.

그리하여 그 나라와 그 나라의 왕을 움직이게 되었고 또한 하나님을 영화롭게 할 수 있었다.

우리는 어떠한가?

모든 지혜는 하나님이 주시는 것이다.

수많은 학원을 다녀도 마음에 거룩을 사랑하지 않는다면 그리고 주 하나님을 경외하는 것이 지식의 근본임 잊고 있다면 그들의 그 공부는 하찮은 것이다.

요즈음 세계가 더 하나가 되고 있다.

이 시대에 다니엘과 그 친구들과 같은 맑고 순수한 지성과 영성을 갖춘 젊은이가 더욱 그립다.

하나님은 다니엘과 같은 청년들을 찾고 계시며 오직 그러한 자를 통하여 세계 선교는 그 길이 열릴 것이며 그 열매를 맺을 수 있을 것이다.

거룩을 사모하는 자.

먹든지 마시든지 오직 주님의 영광과 주님 나라를 위해 살고자 하는 새벽이슬 같은 청년들이 필요하다.

우리는 어떠한 청년을 키우고 있는가?

날마다 학원을 권하며 공부만을 강요하지는 않는지……

마음의 순결을 사모하며 영혼으로 사물을 보고 생각하는 아름다운 다니엘과 같은 청년들을 키우고 있는지.

과도한 교육열 속에서 우리는 스스로를 진단해 보아야 할 것이다.

그리고 이 땅의 젊은이들을 다니엘과 같은 영성과 지성을 갖춘 정결한 하나님의 사람으로 키워갈 때에 우리나라는 하나님의 은혜 속에서 진정한 아름다운 나라가 되며 하나님에 의하여 우리의 미래는 밝게 열릴 것이다.

주님은 최고의 아버지

그동안 앞만 보고 달려왔다.

처절한 몸부림 속에서 학교는 급성장했다.

특별히 올해는 4년제 종합대학교로 승격되었고, 전국 수준급의 입시 경쟁률을 갖게 되었다.

또한, 올해는 크고 작은 학교의 모든 환경적인 재정비가 있었다.

세계적인 명문대학교가 되기 위한 처절한 노력이었다.

그러나 그 몸부림 속에서 우리 주님께서 함께하시지 않았다면, 우리는 지쳐서 벌써 쓰러졌을 것이다.

그리고 우리의 장래는 암담함뿐이었을 것이다.

하지만 어려울 적마다 우리는 주님만을 바라보았다.

총장과 교수와 직원은 하나가 되어 주님께 부르짖었고, 애타는 눈물 속에 기적의 역사는 계속되었다.

힘들수록 우리는 소외되고 약한 이웃을 찾아 말씀에 순종하려고 부단히 사랑의 길을 점검하였다.

그 모든 순간마다 주님은 함께하셨고 고난을 견디게 하셨고 다시 일으켜 주셨고 다시 달리게 하셨다.

말할 수 없는 주님의 은혜의 물줄기가 지금도 우리 모두에게 강같이 흐르고 있다.

주님은 사랑하는 자와 언제나 함께하신다.

그리고 자녀의 두 눈의 눈물을 결코 외로이 홀로 내버려 두지 않으신다.

참으로 주님은 우리 삶의 최고의 아버지시고 우정이시고 힘이시고 생명이시다.

새날이 시작한 지 벌써 한 달이 지났다.

그러나 베풀어 주신 그 은혜와 감사는 영원히 우리 가슴에 남을 것이다.

날이 바뀌고 달이 바뀔지라도 우리는 지금처럼 오직 믿음에서 믿음으로만 걸을 것이다.

그리고 우리를 온전케 하시는 주님 안에서 주님의 도구 되어 사랑과 진리 속에 그리고 사명 속에 우리는 또다시 달릴 것이다.

머리에 영원한 사랑과 승리의 면류관을 받아 쓸 때까지, 슬프나 즐거우나 오직 주님만을 바라보며 날마다 믿음에서 믿음으로 살아가리라.

영원한 사랑의 주님 안에서…….

가 족

나에게는 사랑하는 아들이 있다.

아들은 4살 때 사고로 이마에 흉터가 생겼다.

피부과를 지나치면서 아들의 흉터를 새삼 생각하게 되었다.

25여 년 전, 남편은 지하실에서 위의 문을 열어놓고 작업하고 있었고 나는 1층에서 식사준비를 하고 있었다.

아들이 좁은 방에서 자전거를 타면서 지하실 쪽으로 향하기에 나는 어린 아들을 말리면서 그쪽으로 가지 말라고 하였다.

그러나 얼마 후 비명과 함께 아들은 자전거와 같이 지하실로 곤두박질쳤고 계단에 부딪혀 이마를 꿰매게 되었다.

그때 더 말렸어야 했는데…….

그러다가 갑자기 왜 아들이 불순종했는가를 생각하게 되었다.

지하실에는 사랑하는 아빠가 있었고 불이 켜져 있었다.

아들은 본능에 따라 아빠에게, 그리고 그 빛으로 가고 싶었던 것이다.

자기가 자전거를 타고 계단을 내려갈 수 없다는 것을 생각할 수 없는 나이였기에.

그것이었다.

나는 아들의 마음을 너무나 몰랐다.

누구나 본능에 따라 사랑이 있는 곳으로, 그리고 가족과 빛이 있는 곳으로 움직이게 되어 있다.

본인이 자전거를 타고 있건 그 길이 내리막의 위험한 길이든 간에 사랑의 빛은, 그리고 가족은 우리의 마음을 그곳으로 끌어당기는 것이다.

내가 그때 아들의 마음을 알았더라면 그 사고는, 그리고 그 흉터는 없었을 것이다.

새삼 좋은 부모가 되는 것, 그것이 얼마나 어렵고도 소중한 일인가 느껴졌다.

하나님께서는 자신의 형상대로 인간을 만드셨고, 그리고 우리의 형상을 따라 자녀를 주셨다.

이 자녀는 우리와 하나님께 지극히 소중한 보배들이며 우리의 미래들이다.

지나간 세월을 더듬어보면서 좀 더 좋은 부모가 되어야 한다는 생각이 가슴에 밀려왔다.

아프든 기쁘든 간에 늘 자식의 마음을 헤아려 주는 진정한 어버이로 거듭나고 싶다.

왜냐하면, 자녀들은 오늘도 애타게 우리들의 인정과 이해를 기다리기 때문이다.

우리 이제 좋은 부모로 변화되기를 소원해 보자.

국보 1호

며칠 전 숭례문을 다녀왔다.
아름답던 숭례문은 그 지붕이 커다란 숯덩이로 변해 있었고
깨어져 떨어진 조각들은 폐기물로 전락해 버렸다.
불에 탄 숭례문의 모습은 보는 이의 가슴을 무너지게 하였다.
우리의 국보가 이렇게 허망하게 타버리다니…….
비통함 가운데 멍하니 바라보고 있으려니
마음속에 성경 구절이 떠올랐다.

"그날이 공력을 밝히리니 이는 불로 나타내고 그 불이 각 사람의 공력이 어떠한 것을 시험할 것임이니라.
만일 누구든지 그 위에 세운 공력이 그대로 있으면 상을 받고
누구든지 공력이 불타면 해를 받으리니……." (고전 3 : 13~15)

국보 숭례문이 불에 탄 것을 볼 때에 우리는

우리 자신의 삶이 불로 태워질 날이 있다는 것을 기억해야 한다.
그곳은 그리스도의 심판대 앞일 것이며,
이 땅에서의 각자의 모든 삶이 불로써 태워질 것이다.
그리고 그 진가가 그때에 나타날 것이다.
그중에 누군가는 금과 은처럼 불 속에서도 변형되지 않는 고귀한 삶으로 증명될 것이며 그는 영원한 존귀와 기쁨을 얻게 될 것이다.
또한, 하나님은 그러한 자에게 영원한 상급으로 보상해 주신다고 말씀하고 계신다.
그렇다면 나는 아니, 우리는 어떠한가?
모태 신앙에 증인의 삶을 산다고 자처하는 우리의 삶은,
불 속에서도 그 신실함이 증명될 수 있을까?
과연 그리스도의 심판대 앞에서 우리는 떳떳할 수 있을까? 행복할 수 있을까?

갑자기 얼굴이 붉어짐을 느낀다.
아직도 내 속에는 씻어야 할 것이 많다는 증거이리라.
그렇다. 그리스도의 심판대를 통과해야 하는 우리는
오늘이라는 이 은혜의 날에 보혈로 우리의 세마포를 깨끗하게 다시 씻어야 할 것이다.
위선과 교만과 그리고 땅에 쌓아둔 우리의 모든 보물을 마음속에서 내쳐버리며.
그제야 우리는 그날에 웃을 수 있을 것이다.
그리고 숭례문과 같이 우리의 이 땅에 삶이
허망하게 끝나지 않을 것이다.

우리의 주님은, 오늘도 우리를 위하여 영원한 처소와 함께 모든 면류관을 준비하고 계신다.

그리고 우리 모두 그리스도의 심판대 앞에 섰을 때

불로 태워지는 그 시험대 속에서 우리 모두 당당히 합격하기를 원하시고 계신다.

그래서 주님은 대신 죽어 주셨고 오늘도 우리에게 오셔서 모든 진리 가운데 인도해 주고 계신 것이다.

이 영원하신 주님의 사랑 앞에 다시 바르게살기를 원한다.

더 겸손하며, 더 신실하게, 더 거룩해시기를 원한다.

그리고 주님처럼 더 낮아져서 섬기는 삶을 살고 싶을 뿐이다.

불탄 숭례문 앞에서 사랑하는 주님을 생각해 보며

평소 아끼던 성경 구절을 다시금 마음속에 깊이 새겨 본다.

"오직 너희를 위하여 보물을 하늘에 쌓아 두라. 거기는 좀이나 동록이 해하지 못하며 도적이 구멍을 뚫지도 못하고 도적질도 못 하느니라. 네 보물 있는 그곳에는 네 마음도 있느니라." (마태 6 : 20~21) 아멘.

축복의 비밀

어느 탁자 위에 누군가 낙서를 했다.

"큰 것을 버리고 넘치는 것을 경계하라."

나는 낙서의 그 누군가에게 고마워하였다.

왜냐하면, 늘 큰 뜻을 생각해 왔고 하나님의 은혜가 나의 잔에 언제나 넘친다고 느껴왔기 때문이다.

그런 의미에서 이 낙서는 나에게 작은 것을 더 생각하게 하였고 넘치는 것들에 대한 생각을 묵상하게 하였다.

세상 속에서 작은 일, 작은 것의 귀함은 진리일 것이다.

그리고 그 작은 일들이 모여서 큰일이 되는 것이다.

이런 관점에서 우리는 날마다 만나는 사람 한 사람 한 사람을 소중히 여기며 우리의 일분일초도 귀히 여기면서 우리 한날 한날을 성실하게 살아야 할 것이다.

그리고 그 한날에 그리고 한 사람에게 우리의 모든 정열과 사랑을 쏟아 부을 때 그 한날은 그리고 그 한 사람은 살아날 것이다.

그리고 그 정열의 한날은 또 다른 한날의 한 사람을 살릴 수 있게 될 것이다.

주님은 적은 일에 충성하는 자에게 더 큰 것으로 맡기겠다고 말씀하셨고 지극히 작은 자에게 행한 것이 곧 나에게 행한 것이라고 말씀하셨기 때문이다.

성경은 말한다.

"내가 배가 고플 때, 너희는 내게 먹을 것을 주었다. 내가 목마를 때, 너희는 마실 것을 주었다. 내가 나그네로 있을 때, 너희는 나를 초대해 주었다. 내가 헐벗었을 때, 너희는 내게 옷을 입혀 주었다. 내가 아플 때, 너희는 나를 돌보아 주었다. 내가 감옥에 있을 때, 너희는 나를 찾아 주었다.

그때, 왕이 대답할 것이다. 내가 너희에게 진정으로 말한다. 보잘 것없는 사람에게 한 일, 곧 너희가 이 형제 중 가장 보잘것없는 사람에게 한 일이 곧 나에게 한 것이다." (마태 25 : 35, 36, 40)

올해는 작은 일에 그리고 연약한 자에게 더 많은 사랑과 관심을 가져야겠다.

그리고 작은 자 한 사람 한 사람을 더 많이 안아 주면서 마음의 귀를 더욱 기울이자.

그리고 가장 가까이 계시면서 늘 소외되셨던 분, 주님을 가장 깊이 사랑하면서 작은 자로부터 큰 자에게까지 그리고 작은 일부터 큰일까지 주님과 늘 상의하면서 살아가야겠다.

그것이 우리 인생을 복되게 하는 가장 큰 축복의 비밀이기에…….

기드온의 300 용사와 총선

얼마 있으면 총선이다.

나라 안은 온통 후끈 달아 있다.

우리는 어떠한 자를 뽑아야 할지 기도로 준비해야 할 것이다.

무엇보다 사명에 충실한 헌신된 사람이어야 하며 말씀에 순종하는 진실 된 사람이기를 원한다.

우리는 성경 속에서 기드온과 그의 300 용사를 뽑을 때의 기준을 생각해 볼 필요가 있다.

하나님은 메뚜기떼처럼 많은 미디안 사람과의 전쟁을 위해서 각 지역에서 모여온 4만 2000명의 사람들을 많다고 하시며 겁이 나는 사람들을 돌려보내라고 명령하셨다.

그 후 남은 사람이 겨우 1만 명이었다.

그러나 하나님은 이들도 많다고 하시면서 시험을 하셨다.

그리고 그들을 물가로 데리고 가서 한 손으로 물을 떠서 개처럼 물을 핥아 먹는 사람과 무릎 꿇고 두 손으로 물을 떠먹는 사람 중,

개처럼 한 손으로 물을 핥아 먹는 사람 300명을 선택하셔서 기드온에게 붙이셨다.

그리고 그들을 통하여 전쟁을 승리로 이끌었으며 그 결과 이스라엘은 자유와 평화 그리고 번영을 다시 누릴 수 있었다.

하나님이 선택한 이 300명은 다름 아닌 사명에 눈을 고정하고 방심하지 않는 헌신된 용감한 정병을 의미하는 것이다.

많은 사람이 무기를 내려놓고 두 손으로 무릎 꿇고 물을 떠먹으며 행복해하는 그 순간에도 기드온의 그 300명은 물을 먹는 순간에라도 무기를 잠시도 떼어놓지 않고 한 손에는 무기를 쥐고 다른 한 손으로 물을 먹으며 자신의 위치를 잊지 않았다.

하나님은 사명에 몸을 바친 그들의 정신을 귀히 보시고 그 300명을 선택하신 것이었다.

그리고 충성 되고 헌신된 저들과 함께 하나님은 친히 기드온을 통하여 전쟁을 지휘하셨다.

한 손에는 횃불이 숨겨진 항아리와 또 다른 한 손에는 나팔을 들고, 그리고 목숨 다한 저들의 함성을 통하여.

그것은 희한한 전술이었다.

하지만 그들은 이유를 묻지 않고 말씀에 철저히 순종하고 헌신하였다.

한밤중 항아리 깨지는 요란한 소리와 뿔 나팔 소리 그리고 수백개의 횃불이 흔들리는 가운데 적들은 혼비백산하여 저들끼리 서로 치고 죽이며 도망가는 역사가 전개되었다.

하지만 도망가는 무리를 기드온과 그 300 용사들은 끝까지 추격하여 완전한 승리를 이루어 내었다.

가난과 두려움과 억압 속의 피폐해진 이스라엘은 다시 평화와 안정과 번영의 나라를 갖게 되었다.

그렇다.

우리나라는 다시 회복되어야 한다.

수많은 노숙자와 노조로 인한 파업, 그리고 400만 명 이상의 실업률, 그리고 정신적인 피폐 현상들……

우리는 회복되어야 할 심각한 부분들이 너무 많이 있다.

우리는 이것을 이번 정부와 그리고 총선에 기대를 걸어 본다.

무엇보다 하나님의 시험에서 합격한 사명과 헌신에 불타는 300명의 용사가 이번 총선에서 선택되기를 기대해 본다.

그때에 우리나라는 실업자가 없어지고 노숙자가 집으로 돌아가며 경제가 회복되고 노사가 하나가 되어 노동이 기쁨이 되는 진정한 민주주의로 회복될 것이며 우리는 살기 좋은 밝은 대한민국으로 환하게 다시 거듭나는 번영의 역사가 시작될 것이다.

당신은 우리의 소중한 별

아름답고 영롱한 별
하나님이 아끼시는 소중한 별
나는 그 별을 보았네.
그리고 그 별을 가슴에 안고
예수 안에서 깊은 감사와 사랑을 느꼈네.

온 세상이 너무 어두웠기에
그리고 너무 냉정하고 차가웠기에,
하나님은 그 별에 그의 밝은 빛의 강도와
그의 온정의 따스함을 실어 주었네.

그 별은 밝고, 따스하고, 그리고 아름다웠네.
하나님과 우리는 그 별을 볼 때마다
기쁨의 샘이 넘쳐흘렀네.

앞으로도 그 별로 인하여
더 크고 아름다운 광명한 하늘나라가
우리 가까이 더 가까이 임하시길 기도드리네.

우리는 그 별을 사랑하였네.
소중한 그 별은
하나님을 사랑하는 바로 당신이라네.
당신은 어두운 이 땅에 심으신
하나님의 영롱한 별이라네.

우리는 소중한 당신을 통하여서
하나님의 사랑과 은혜를
더욱더 알기 원하네.

오늘도 하나님은 당신을 통하여
하늘의 사랑과 은혜를
우리와 우리 주위에 넘치도록
부어주기를 소원한다네.

우리는 영원히
당신과 당신의 이름을 사랑한다네.
당신은 우리의 소중한
아주 소중한 별이라네.
사랑이라네.

푯대를 향하여......

얼마 전, 우리 대학에서는 지역의 목사님들을 모시게 되었다.

올해는 각별히 하나님의 은혜가 우리에게 갑절이나 내린 해였기에 그 고마움을 표현하고 싶었다.

무엇보다 평생을 주님만을 바라보고 생명 다해 헌신해 주신 목사님들을 우리는 가슴 깊이 존경하고 사랑했기 때문이다.

교파를 초월하여 귀한 목사님들이 오셨다.

우리는 함께 나라를 위한 기도회를 했고 또한 '부름 받아 나선 이 몸'의 찬송을 부르면서 소명을 받았던 그날의 다짐을 새롭게 하기를 원했다.

처음 소명 받던 날 나는 죽음의 땅이든 주님 보내시는 어느 곳이든 가겠다고 서원했었다.

십자가의 그 사랑 죽을 때까지 몸으로 마음으로 생명 다해 섬기며 살겠노라고 나는 다짐했었다.

그런데 주님은 그 사명의 장소를 대학으로 정해 주신 것이다.

주님은 학원 선교를 통한 하나님 나라의 확장을 원하셨다.

우리 대학은 월요일부터 금요일까지 “사랑으로 세상을 변화시키자”는 슬로건 아래 교육, 봉사, 섬김을 실천하고 있다.

또한, 많은 교수님은 양부모로, 국제 팀원으로, 채플 팀원으로, 임상봉사 팀원 등으로 많은 선교봉사활동을 해 오고 있다.

그 결과 하나님이 부어 주시는 큰 은혜 속에서 올해는 4년제 대학의 승격과 함께 아마존, 몽골, 캄보디아, 인도네시아 등에 전문인 선교사를 파견하게 되었다.

실로 작은 자들의 헌신을 통하여 놀라운 생명의 열매를 거두고 계시는 하나님께 늘 감사와 영광을 올린다.

앞으로도 우리는 모두 지역의 교회들과 함께 오직 주님의 영광을 위하여 세상으로 나아갈 것이다.

한 손에는 지성과 다른 한 손에는 사랑과 그리고 가슴에는 그리스도를 향한 뜨거운 열정을 가득 안고서.

그렇다. 오직 주님의 뜻과 주님의 영광만이 우리 모두의 진정한 기쁨이며, 또한 행복 된 삶의 의미인 것이다.

오늘도 소중한 목사님들을 마음으로 모시면서 하늘 영광의 조그만 도구가 되고자 달려가련다.

이 길에 고난과 어려움이 있다 할지라도 주님의 손 굳게 잡으며 ‘오직 예수, 푯대’만을 바라보면서.

임마누엘 하나님께 늘 감사드리며 우리는 믿음에서 믿음으로 날마다 달려가리라.

사랑의 방정식

얼마 전, 실화를 바탕으로 만들어진 한 편의 영화를 보게 되었다.

배경은 미국의 프린스턴 대학교였다.

한 천재 학생이 있었는데, 그는 머리는 무척 뛰어났으나 사회성이 부족하였고 지극히 내성적인 성격이었다.

후에 그는 미국 국방연구소 암호 해독자가 되어 전쟁에 기여를 하게 되었다.

그러나 비밀을 요하는 그의 직업과 내성적인 성격은 그에게 정신분열증을 갖고 오게 했으며 그는 허상과 실상을 구별하지 못하였다.

급기야는 정신병원에 구금되어 치료를 받게 된다.

하지만 그의 부인의 헌신적인 섬김과 노력으로 그는 다시 회복되기 시작하였고 친구들의 배려로 프린스턴 대학 도서관에서 일할 수 있게 되었다.

사람들 속에 있게 되면서 그의 병은 날마다 호전되었으며, 드디어 노벨 경제학상을 받게 된다.

그는 노벨상 수상소감에서 부족한 자신을 살린 것은 부인의 헌신적인 사랑이었으며 세상의 모든 숫자와 법칙이 있지만 가장 신비롭고 아름다운 것은 사랑의 방정식뿐이었다고 고백하였다.

놀라운 영화였다.

사랑에 의하여 정신병이 치료될 수 있으며 또한 그러한 사람이 사랑 덕분에 노벨상까지 탈 수 있었다는 것이 믿어지지 않는 실화였다.

사랑이 기적을 가지고 왔던 것이다.

우리 주위에는 돈과 지식과 명예는 있지만 많은 고민과 질병을 앓고 있는 자가 수없이 많다.

그러나 주님은 사랑과 치료의 본체이시다.

그리고 이 치료와 사랑의 길을 우리를 통해서 우리 주변에 행하시기를 원하신다.

고독하고 소외된 자에게 당신의 사랑의 방정식을 보여주어라.

무엇보다 우리 직장에서 가정에서 그리고 자녀들에게 사랑의 방정식을 보여주어라.

고통의 사슬에 묶인 자들이 살아나게 될 것이다.

세상을 치료하는 길, 그것은 주님의 사랑을 실천하는 당신의 사랑의 방정식 그 길뿐이다.

그런데 우리는 주님과 그 사랑을 알고 있지만, 실천이 없는 죽은 제자는 아닌지 각자 자신을 돌아보아야만 한다.

오늘도 세상은 번민 속에서 사랑의 사람, 당신을 애타게 기다리고 있다.

새 정부와 리더십

얼마 전, 어떤 영화를 보았다.

팀워크에 관한 이야기이며, 미식축구에 관한 실화를 바탕으로 한 영화였다.

흑인과 백인이 어울려 고등학교의 미식축구 한 팀을 만든다는 것은 그 당시 미국의 시대상으로서는 결코 쉬운 일이 아니었다.

그러나 감독의 뛰어난 리더십 속에서 흑과 백으로 나누어졌던 팀은 하나로 되어 갔으며 그 단결된 팀 속에서 그 학교는 명문의 꿈이 이루어져 갔다.

우리나라는 얼마 전 대통령 취임식이 있었고 15개 부처의 장·차관의 인선이 이어졌다.

우리는 기대 속에 조용히 그 이름들을 눈여겨보았다.

그리고 무엇보다 서민의 삶과 서민의 뜻을 들어 줄 줄 알고 이해할 줄 아는 국민의 리더가 되기를 소망했다.

지금 우리 사회는 많은 문제를 갖고 있다.

수백만의 실업률, 노사갈등, 노조문제, 노숙자 문제…… 등 이 모두는 우리가 함께 풀어야 할 숙제이다.

그래서 정부는 경제회복을 위해 많은 규제를 풀고 자율, 경쟁, 통합이라는 슬로건을 내세우고 있다.

하지만 지방에 있는 지방대학의 교육자로서 마음에 초조함과 근심이 스며드는 것은 막을 수 없다.

왜냐하면, 수도권의 규제 완화가 지방의 학생들을 그대로 끌어올릴 것이고 그 결과 지역의 교육과 지방대학의 어려움은 불 보듯 뻔한 일이기 때문이다.

경쟁을 위한 몸부림은 무수히 해왔다.

그러나 모든 것이 대도시에 집중되는 사회이다 보니 지방은 무척이나 어렵다.

이 모든 사정을 임명된 리더들이 얼마큼 알고 있는지…….

마음속에 깊은 한숨이 나온다.

우리나라는 땅이 좁은 데도 불구하고 그 땅들을 모두 버리고 수도권으로 대도시로 모여들고 있지 않은가.

농촌과 지방은 누가 지키는가?

농촌이 잘살고 지방이 발전될 때 수도권과 아울러 함께 웃는 대한민국이 될 수 있지 않을까?

성경에, 위대한 리더 다윗은 진실 되고 하나님을 경외하며, 모든 백성을 사랑하던 어진 임금이었다.

백성은 그 안에서 진실을 배웠고 여호와 경외함 속에 안정된 축복을 누릴 수 있었다.

이제 새 대통령과 그의 내각이 구성되었다.

우린 새로운 리드들에게 수도권으로부터 농촌, 지방 곳곳까지 살필 수 있는 어진 눈과 어진 마음을 주십사 기도드리며 하나님에 의해 축복받는 아름다운 대한민국으로 다시 거듭나기를 간절히 기대해 본다.

아이티의 참사

사상자 35만 명!

그러나 여진이 있으리라는 경고 속에 수만 명이 대피하고 있다.

TV 화면 속의 울부짖는 어린아이의 모습이 가슴을 메이게 한다.

과학문명은 날로 발전하고 있지만, 세상은 갈수록 불안하다.

얼마 전에는 이집트에서 비행기가 이륙한 지 얼마 되지 않아 공중 폭발을 하여 바다에 떨어졌다.

탑승자 전원이 목숨을 잃었다.

요즈음 뉴스는 참사에 참사가 이어지고 세계는 온통 불안 속에 흔들리고 있다.

세상 어디를 봐도 진정한 평안함이 없다.

그러나 사람들은 여전히 행복과 안전을 찾아 이리저리 헤매고 있다.

하지만 진정한 행복과 평안함이 어디 있는지 그 길을 우리는 알고 있다.

우리의 삶이 오직 예수 안에 있을 때에만 진정한 자유와 평화를 누릴 수 있으며, 말씀이 빛으로 우리 삶을 조명할 때 흔들리는 우리 인생은 참 길을 발견하고 진정한 행복의 삶을 살 수 있다.

성경에, 말세에는 더 많은 지진과 기근과 천재지변이 있으리라고 말씀하신다.

그것은 인간으로 하여금 자신을 의지하지 않고 더듬어 창조주 하나님을 찾고 만나게 하려고 주신 고난이라고 말씀하신다.

하나님은 이 시간도 우리에게 말씀하신다.

"수고하고 무거운 짐 진 자들아 다 내게로 오라. 내가 너희를 쉬게 하리라"고.

진정한 행복과 평화와 자유는 오직 예수 안에서만 가능하다.

남태평양 아이티의 그 아름다운 환경도 저들에게 영원한 행복과 안정과 기쁨을 줄 수는 없었다.

아니 저들에게는 그 아름다웠던 곳이 이제는 공포의 장소로 변한 것이다.

이 세상 어느 곳에서도 영원히 안전한 곳은 없다.

우리의 진정한 평화와 안전은 오직 예수 안에만 있음을 우리는 깨달아야 한다.

그리고 이 귀한 진리의 말씀을 고난받는 우리의 이웃들에게 전해야 한다.

지진의 참사 속에 고통받고 또한 삶의 고통 속에 방황하는 연약한 이웃들에게 우리 이제 나아가자.

그리고 이 평화의 복음을 저들에게 전해 주자.

그것이 주님이 당신과 나에게 원하시는 가장 큰 바람일 것이다.

그런데 당신은 이 진리의 말씀을 날마다 전하며 살고 있는가?

아니면 당신 혼자만 알고 사는 이기적인 크리스천은 아닌가?

우리 이 시간 자신을 돌아보며 당신을 향한 주님의 기대에 우리 이제 삶의 결단을 하기로 하자.

고귀한 입학식

얼마 전, 입학식이 있었다.

고등학교를 졸업하고 대학과 전공을 선택하여 이제 입학식장에 앉아 있는 학생들의 그 눈망울들이 너무나 사랑스럽고 소중하게 보였다.

유난히 입시가 어렵고 혼란스러웠던 때문인지 학생 한 명 한 명이 더욱 소중하고 사랑스럽게 느껴졌다.

우리는 '사랑으로 세상을 변화시키는 대학'이라는 이념 속에 모든 학생을 평신도 전문인 선교사로 양성시키고 있다.

우리 대학에는 이 사회에 필요한 보건전문인을 양성하는 보건의료계열, 보건복지계열, 호텔관광경영계열, 자동차 · 식품 그리고 예능과 디자인, 교육계열 등이 있다.

모든 교수님은 학생 한 명 한 명을 소중히 여기면서 낳은 부모님들 못지않게 저들을 가슴에 품고 진리와 인생을 가르치고 계신다.

덕분에 6년째 취업률 최우수 그룹으로 교육과학기술부로부터 평가를 받고 있으며 보건계열은 최우수 대학으로 평가를 받고 있다.

이 모든 것은 놀라운 하나님의 은혜와 사랑 그리고 기적이다.

지금 사회는 갈수록 각박해지고 있다.

실업률은 치솟고 있고 각종 범죄가 판을 치고 있다.

어디를 둘러보아도 어두움뿐이요 소망이 보이지 않는다.

그러나 지금 그 눈망울들, 자신들의 미래를 우리에게 맡기면서 가슴속에 안겨진 그 사랑스러운 학생들을 바라볼 때 희미해졌던 우리의 눈동자는 광채를 띄우며 다시금 용기를 갖게 된다.

왜냐하면, 그 학생들은 우리의 소중한 미래이며 자원이고 희망이기 때문이다.

하나님은 저들을 통하여 우리나라를 다시 세우시길 원하시며, 세계 속에 하나님과 대한민국을 알리면서 사랑의 빛, 선교의 빛 그리고 치료의 빛을 밝힐 횃불들로 사용하실 것이기 때문이다.

그렇다.

주님이 살아계시며, 우리의 자라나는 아들딸들이 있는 한 우리에게는 절망이 아니라 오직 희망만이 있을 뿐이다.

온 세상이 어두워도 주님은 자신과 그리고 열두제자를 선택하시어 이 땅에 구원의 빛, 생명의 빛을 밝히시지 않으셨는가?

소중한 생명을 바라보면서, 생명과 빛의 대학을 꿈꾸어 보면서 고귀한 입학식을 가슴으로 갖게 되었다.

미래의 영웅들

새 학기가 시작되었다.

교정에는 수많은 학생이 생기와 향기를 발하고 있고 만나는 얼굴마다 미소 띤 인사를 건넨다.

목요채플 속에 사랑을 강조한 터인지 유난히도 학생들이 마음을 담은 인사를 건네 온다.

우리의 미래, 하나님 나라의 기둥들…….

정말로 학생들 모두 다 소중하고 사랑스럽다.

우리 학교는 인간성 회복을 외치며 매주 목요일마다 채플을 한다.

채플은 종교와 상관없이 모든 학생이 들어야 하는 필수이수 학점이다.

교수님 가운데 신앙이 깊은 신실한 분들이 채플 팀원이 되어 매주 월요일, 김천대학교 목요채플을 위한 모임을 한 후 기도회로 이어진다.

김천대학교 목요채플에는 교수와 직원 모두가 참석하는 것을 원칙으로 한다.

종교가 다른 학생들은 처음에는 무척 힘들어한다.

하지만 진실과 사랑은 가장 깊은 언어이다.

학생들은 학교가 자신들을 얼마나 사랑하는지, 그 마음을 느끼기에 조용히 귀를 기울인다.

교수님들은 매번 제자들의 생일 꽃을 준비하고, 설교 후에 생일축하순서로 이어진다.

모든 학생은 이 시간을 기뻐하며 친구의 행복과 기쁨을 위해 축복의 노래를 함께 불러 준다.

이때는 종교를 떠나 모두 다 사랑 가운데 하나가 되는 가장 행복한 순간이다.

우리는 하나님의 사랑을 알게 하려고 적어도 한 달에 한 번씩은 빵 1,000여 개와 요구르트를 준비한다.

그리고 하나님과 교수님의 사랑이 담긴 이 빵들을 각 학과 대표들이 나와서 기쁨으로 받아간다.

이때 우리는 모두 다 사랑 속에서 부자가 된 느낌이 드는데 사랑이 눈으로 보이는 순간이라 할 수 있다.

모두 다 넉넉함 속에 행복해한다.

우리에게 사랑을 주시고 학생들의 생명을 위하여 목요채플을 이끌어 가시는 분은 하나님이시다.

오늘도 우리는 주님의 음성에 귀 기울이며 우리에게 맡겨진 학생 한 명 한 명이, 이 시대를 믿음으로 이끌어 갈 하나님 나라의 작은 영웅들이 되기를 소망하면서 다윗과 솔로몬 같은 믿음의 영웅들을 마음속에 그려 보며, 새 학기를 기도 속에 맞이해 본다.

정결한 삶

그동안 이사를 하느라고 많이 분주했다.

이곳저곳에서 너저분한 짐들이 많이 나왔다.

'아~ 벌써 버리고 정리했어야 했는데…….'

마음속에 긴 한숨이 나왔다.

우리 인생길은 나그넷길이다.

우리는 이 유한한 인생길을 마냥 살 것인 양 잊어버리고 자각 없이 살곤 한다.

그러다 보면 우리 삶은 오염되고 너저분한 생각과 짐들로 마음의 방들이 채워지곤 한다.

이것은 참으로 부끄럽고 안타까운 일이다.

하나님은 모든 인간을 위하여 날들을 정해 놓으셨다.

그리고 그날이 될 때 우리는 주님 앞에 반드시 서게 될 것이다.

그때 우리 인생에 모든 것은 드러날 것이며 아무것도 숨겨질 수 없을 것이다.

그때에 부끄럽지 않기 위해서는 우리 삶을 단순화 · 청결화시키며 잘 살아야 한다.

쓰레기 같은 쾌락적인 생각에 우리의 마음을 빼앗겨도 안 되고 더러운 정욕과 욕심 속에 우리 자신을 맡겨서도 안 된다.

우리는 날마다 사명과 예수 속에 눈을 고정하며 우리 삶을 단순화 · 집중화 · 청결화하며 살아야 할 것이다.

꼭 필요한 것 외에는 사양하는 것을 배우자.

무엇보다도 우리 자신의 이기적인 욕심에 "NO"하는 것을 우리는 배워야 한다.

그리고 날마다 자신을 양보하면서 이웃과 하나님을 섬기기 위해 한 걸음씩 한 걸음씩 계획해 나아가야 한다.

그리할 때 우리의 삶은 더욱 단정해질 수 있다.

그리고 필요 없는 쓰레기들은 점점 줄어들 것이며 후회 없는 인생길이 될 수 있을 것이다

그런데 당신은 어디쯤 걸어왔는가?

그리고 당신의 삶은 어떠한 상태인가?

우리 이 시간 자신을 돌아보기로 하자.

그리고 새해가 시작되는 이 아름다운 봄날에 우리 삶이 더욱 정결하고 단순하며 아름다운 삶이 될 수 있기를 간절히 소원해 보자.

"너희는 유혹의 욕심을 따라 썩어져 가는 구습을 좇는 옛사람을 벗어 버리고 오직 심령으로 새롭게 되어 하나님을 따라 의와 진리의 거룩함으로 지으심을 받은 새사람을 입으라." (에베소서 4 : 22~24)

봄의 길목에서

봄의 길목에서 개나리가 피고 있다.

어느 꽃보다 봄이 오길 기다리는 꽃이다.

매서웠던 겨울이 어느덧 물러가고 며칠 있으면 개나리의 시간이 올 것이다.

그때는 온 천지가 노랗게 그리고 진달래의 분홍빛으로 물들게 될 것이다.

이 세상 모든 것에는 자신만의 사명과 시간이 있다.

자연의 꽃나무조차도 자신이 피어날 그 시간을 기다리며, 천 년이 지나도 하나님께 순종하면서 사람들과 하나님께 기쁨을 선물하고 있는 것이다.

우리는 어떠한가?

나는 어떠한가?

주님의 자녀로 입적되는 순간 하나님의 은혜로써 성도의 사명은 시작된다.

어두운 세상에서 빛과 소금의 역할을 해야 한다.

사회는 갈수록 이기적으로 변하며, 불황 속에 어둠이 짙게 깔렸다.

얼마 전, 잔인한 열 여인의 살인사건이 있었다.

그리고 그전에는 끔찍한 어린이 유괴 살인사건이 일어났었다.

갈수록 어둡고 끔찍한 사건들이 우리 사회를 괴롭히고 있다.

우리나라 기독교계의 통계에 의하면 우리나라가 선교사 파송 2위 국가라고 한다.

그러나 선교사 파송 2위만을 자랑하기에는 너무나 부끄러운 나라 현실이다.

내 가정, 내 주위의 어둠을 물리침이 가장 급한 선교 중의 선교가 아닐까 한다.

무엇보다도 우리 자신이 먼저 진실한 크리스천이 되어야 한다.

그리고 우리의 자녀들을 말씀과 사랑으로 양육하면서 빛으로 소금으로 키우기에 최선을 다해야 할 것이다.

우리 부모들이 영 · 수 학원, 음악 · 미술 학원 등 외적인 교육에는 힘을 쓰지만, 내면적인 인격의 함양과 하나님께 순종하는 삶의 온전한 변화에는 그 마음과 소원이 지극히 무딘 것 같다.

얼마 있으면 개나리, 진달래가 만발할 것이다.

소박한 자연의 꽃나무들을 바라보면서 오늘 우리 크리스천들의 사명들을 다시금 인식해 보자.

그리고 하나님이 기뻐하시는 봄의 금수강산이 우리의 가정과 사회와 온 교회에 몸과 마음의 금수강산이 되기를 간절히 소원해 보자.

감격의 해빙기

올해는 유난히도 겨울이 길었다.

하지만 봄이 되니 꽁꽁 얼었던 강물이 풀리고, 대자연은 부활의 봄을 맞이하게 되었다.

올해는 4년제 첫 입시가 시작되는 해이기에 우리는 잔뜩 긴장하고 있었다.

엎친 데 덮친 격으로 주위 환경은 우리를 뼈아프게 했고, 달려가는 발목에 힘을 빼었다.

하지만 그때마다 노아 방주 속 식구들처럼 오직 한 평 하늘을 향해 열린 창으로 우리는 목메어 날마다 주님께 부르짖었다.

주님은 참 좋으신 우리 하나님이시다.

외로이 부르짖는 우리들의 이 애절함을 언제나 들어 주셨고, 한결같은 은혜로 감싸주셨다.

고난의 순간마다 주님은 우리들의 진정한 위로셨고, 힘이셨고, 그리고 보호자셨다.

지금 밖에는 봄비가 내리고 있다.

어제는 4년제 입시가 끝나고 드디어 신입생 오리엔테이션이 있었다.

강당은 신입생들로 꽉 차 있었다.

희망 속에 반짝이는 저 학생들의 눈동자들을 보자 뜨거운 감사의 눈물이 가슴에 주르르 흘러내렸다.

'아~ 소중한 저들을 만나기 위해서 우리는 그토록 시리고 차가운 겨울들을 만나야 했었나 보다.'

아팠던 지나간 세월이 뇌리에 스치면서, 하나님의 사랑과 은혜가 다시금 전율 되어 가슴에 느껴졌다.

소외되고 낙후된 이 지역에 드디어 4년제 종합대학교가 서게 된 것이다

우리 모두는 기쁨에 기쁨을, 감사에 감사를 나누었다.

참으로 주님은 신실하신 우리의 보호자, 우리의 하나님이셨다.

앞으로 우리의 모든 날에서도 우리는 날마다 주님만을 신뢰하며 걸어가리라.

오직 하나님의 영광과 깊으신 뜻을 이루기 위해서 우리는 열심히 가르치며 훈련하리라.

그리고 세계 속의 빛의 인재들로 저들을 섬기며 인도하리라.

감격의 해빙기를 주신 하나님께 감사드리며 부활의 봄과 함께 신학기의 영광을 하나님께 올려드린다.

마음의 상처

얼마 전, 거리를 지나가는데 중년 여인이 손가락질하면서 큰소리로 따지며 걸어가고 있었다.

누구에게 이야기하는지 쳐다보았더니 상대는 없었다.

그러나 그녀는 분명히 누군가에게 계속 화를 내면서 걸어가고 있었다.

가슴이 아팠다.

얼마나 마음의 상처가 깊었기에 정신이상이 되었을까?

동시에 그 여인의 가족과 자녀가 너무나 가엽다는 생각이 들었다.

엄마가 마음에 병이 들면 자녀에게 치명타가 되고 가정은 절망이 된다.

부디 모든 여인이 자신이 얼마나 중요한 위치에 있는지를 깨닫고 그 마음들을 추스르기를 바란다.

이 세상에서 진정한 행복과 사랑은 찾아보기 어렵다.

그러나 우리에게는 희망이 있다.

우리의 미래와 현재와 과거를 모두 아시는 분, 그분이 진정 우리를 사랑하시기 때문이다.

그분의 가슴은 한없이 넓고 그분의 격려는 끝이 없다.

아무리 가슴 아파 끝없이 하소연해도 우리를 사랑하시는 하나님은 끝까지 귀를 기울여 주시며 절대로 외면하지 않으신다.

오늘도 마음의 상처로 고통받는 자가 있는가?

사랑에 목말라 울부짖는 사람들이여!

차라리 상대를 용서하면서 마음으로 불쌍히 여겨라.

그리고 멍든 당신의 가슴을 주님 사랑으로 달래가면서 진정한 어머니와 아버지의 위치를 지켜감이 우리의 또 다른 의무일 것이다.

성경에 사랑으로 몸부림친 사마리아 여인이 있다.

그 여인의 상처와 갈증은 오늘도 우리 주위를 맴돌고 있지만, 주님을 만나 구원받고 복음의 전도자가 된 그 여인의 변화와 그 승리의 삶은 오늘도 가정과 사회를 살릴 수 있는 유일한 방법이 될 것이다.

그리고 치유된 그 상처는 거룩한 상처로 변하여서 이 땅의 또 다른 가정들을 살릴 수 있게 될 것이다.

사랑하는 이여!

당신은 당신 마음의 상처를 어떻게 치유하고 있는가?

오직 한 가지 주님만이 당신의 유일한 해답이시다.

지상명령과 이웃나라 일본

며칠 전 일본에 들러서 대학 간의 협정을 맺고 왔다.

수십 명의 총학장이 모여 있는 자리에 여자 리더는 한국인 나 혼자뿐이었다. 모두는 숨을 죽이고 호기심 반 경계 반으로 귀를 기울이고 있었다. 나는 서로에게 유익한 믿음 있는 말을 달라고 기도하면서 마이크를 잡았다. 결과는 은혜로 연결되었다.

굳었던 많은 총학장의 얼굴이 부드러운 미소와 경이로움으로 변했다.

그 후 우리는 서로를 얻을 수 있었다.

가깝고도 먼 나라 일본!

그러나 하나님 보시기에 일본은 우리가 생명을 전해 주어야 할 이웃 나라다. 과거 일제치하의 역사는 잊어서는 안 되지만 주님의 지상명령 또한 잊어서는 안 된다.

우리는 함께 승리하는 길을 찾아야 할 것이다.

그 길은 우리 국력을 신장하는 길이다. 저들은 강한 자 앞에서 철

저히 그 힘을 존중하는 민족이기에 우리 민족은 힘을 길러야 한다. 무엇보다도 하나님이 함께하시는 영적인 거룩의 힘을 키워야 한다.

그리고 거룩한 그릇의 크기에 따라 하나님은 물질적인 축복도 아울러 부어주실 것이다.

우리는 어떠한가?

과연 그들을 인도할 만큼 충분히 거룩하며 삶 속에 인간존중의 삶을 살고 있는가?

그러나 일본인의 생활태도 속에서 크리스천보다 더 신실한 모습을 보고 나는 속으로 무척 부끄러웠다.

우리는 신앙과 삶이 분리되는 삶을 살아서는 안 된다.

수많은 크리스천이 있는 우리나라지만 우리의 삶이 저들보다 더 성실하고 더 진실하다고 느껴지진 않는다.

그것은 힘없는 크리스천, 이빨 빠진 호랑이로 전락할 뿐이다.

하나님이 사용하실 수 있는 대한민국은 영적으로 또한 인격적으로 성숙한 크리스천이 될 때 우리는 일본을 하나님께로 인도할 수 있으며 주님의 지상명령을 수행할 수 있을 것이다.

역사를 탓하기 이전에 이젠 우리 자신을 돌아보면서 진정한 크리스천의 삶을 다시 살아야 할 때가 아닌가 생각해 본다.

감동의 입학식

요즈음 비가 계속 내린다.

겨우내 꽁꽁 얼었던 대지는 내리는 봄비와 함께 찬란한 부활의 단꿈을 꾸고 있다.

아니 벌써 목련 가지에는 봉오리가 맺혔다.

오늘은 학교에 입학식이 있었다.

4년제가 시작되는 역사적인 입학식이다.

마음은 남모르는 감동에 젖어 있다.

행사장에서 학생들과의 만남 — 꽉 찬 행사장에는 별빛같이 반짝이며 상기된 모습으로 바라보는 소중한 얼굴 얼굴들이 있었다.

"얼마나 저들을 기다렸던가! 얼마나 이 순간을 사모했던가!"

사랑의 대상, 내 사랑하는 아들딸들을 하나님은 넘치도록 안겨주셨다.

그리고 저들은 지금 우리들 스승의 가슴속에 포근히 안기는 중이었다.

나는 흥분된 어조로 말을 이었다.

“학번은 영원히 변하지 않는 것 아시지요?

여러분은 소중한 우리의, 나의 아들딸들입니다.

이렇게 아름다운 아들딸들을 천 명이나 넘게 안겨주신 하나님께 그리고 여러분의 부모님들께 감사드립니다.

여러분은 별보다도 보석보다도 소중하고 꽃보다도 아름다운 우리들의 아들딸들입니다.

입학을 축하합니다. 그리고 여러분을 진심으로 사랑합니다.”

가슴이 미어왔다.

그윽이 미소를 머금고 바라보는 그 눈길들이 너무나 사랑스러웠다.

“하나님 감사합니다.

사랑으로 세상을 변화시키라고 우리들 가슴속에 소중한 생명의 싹들을 안겨주셨습니다. 그 은혜 그 사랑 힘입어 좋은 스승 되도록 노력할게요.

세계를 가슴에 품고 진리와 사랑의 리더들로 키우겠습니다.”

울먹이며 중얼거리는 마음속에는 감격의 소낙비가 주르르 흘러내리고 있었다.

오늘도 사랑 속에서 은혜의 단비를 내려주신 하나님께 감사드린다.

선물로 주신 학생들, 지상에서 천국까지 소중한 별들이 되도록 내 삶의 모든 것 다 바쳐 사랑하리라.

그리고 기뻐하리라.

오직 예수 안에서, 그리고 예수 사랑을 힘입음으로써…….

소명의 열매

며칠 전, 실미도의 생존자가 목요채플의 강사로 초청되었다.

그분은 실미도 죽음의 순간에서 하나님께, 다니엘의 간절한 기도를 올렸다.

다니엘의 하나님이시며 사자의 입을 막으신 하나님께서는 그의 기도를 들으시고 위험에서 그를 건져 주셨다. 할렐루야!

위험 속에서 그분은 하나님께 서원기도를 드렸다.

살려주시면 앞으로 남은 인생 주님을 위하여 살겠노라고.

실미도의 영화가 인기가 치솟으면서 그의 간증과 함께 다니엘의 하나님의 영광도 더욱 드러나게 되었다.

하나님은 복음을 위하여 우리 모두를 부르시고 또 사용하신다.

그것이 어떤 이는 다니엘 같은 사자굴일 수도 있고 어떤 이는 다윗과 골리앗의 싸움일 때도 있다.

문제는 우리가 서원한 그때의 그 기도를 세월이 가면서 우리는 쉽게 잊는다는 것이다.

하지만 주님은 우리의 모든 사건과 모든 기도와 모든 서원을 절대 잊지 않으신다.

주님은 여전히 그것을 기억하시며 우리 모두가 복음을 위하여 사명자의 삶을 살기를 오늘도 기다리신다.

나는 간증을 들으면서 나 자신을 깊이 반성하게 되었다.

나 역시 다니엘 같은 암흑의 구덩이 속에서 주님께 애타게 부르짖었었다.

그리고 남은 삶에 헌신을 약속했었다.

주님은 애타는 나의 기도를 들으시고 절망에서 구해주셨다.

그리고 지금 이 시간까지 은혜로 함께하셨다.

하지만 모든 것이 안정된 지금 나의 모든 헌신은 어려웠던 그때보다도 더 쇠락해 가고 있는 형편이다.

너무나 부끄러울 뿐이다.

우리 이제 어려웠던 과거의 기억으로 돌아가야 한다.

그리고 잃었던 초심을 되찾아야 한다.

그리고 마음속으로 다시금 결단하면서 우리의 남은 인생을 오직 주님의 영광을 위하여, 오직 주님을 기쁘시게 하는 일에 우리의 모든 것을 헌신해야 할 것이다.

이것이 실미도의 간증이 우리 모두에게 주는 소명의 열매인 것이다.

진실된 인도자의 지팡이

며칠 전 총선이 있었다.

온 나라는 뜨거운 열기로 가득하다.

하지만 우리는 당선된 저들의 말보다는 그 말의 진실한 열매를 먹기를 원한다.

성경에 스마야라는 예언자가 등장한다.

그는 정계와 종교계에 꽤 영향력 있는 사람이었다.

그러나 그의 메시지는 진실하지 못했으며 그 결과 백성은 그에게 속았고 그 나라는 패망의 길을 걷게 되었다.

반면 하나님의 사람 예레미야는 하나님의 메시지를 진실하게 직고(直告)하였고 백성에게 순종과 회개의 길을 선포하였다.

그것은 쓴 메시지였다.

하지만 진실은 그 결과에 따라 증명되었다.

하나님은 진실한 지도자를 찾고 계신다.

어떤 환경 속에서도 백성을 현혹하지 않고 정도를 걸어가게 하며 패역된 길이 아니라 순종의 길로 백성을 인도할 진실 된 지도자를…….

우리는 육적으로는 계속 부유해지고 있다.

하지만 사람이 빵만으로 사는 것은 아니다.

얼마 전, 세 모녀 살인사건과 안양 어린이 시체토막 사건 등 이러한 끔직한 만행들이 여전히 우리를 괴롭히고 있다.

우리는 육적으로 인격적으로 성숙해져야 하며 거룩해져야 한다.

우리에겐 성숙되고 진실한 리더가 필요하며 무엇보다 백성을 진리로 이끌어가는 믿음의 지도자가 필요하다.

오직 그러한 리더만이 이 사회를 공의와 사랑으로 이끌 수 있으며 하나님의 뜻 가운데 패역의 길이 아니라 순종의 길로 이 사회를 인도할 수가 있기 때문이다.

우리 중 스마야 같은 위선된 언어와 거짓된 행동의 지도자는 없는지?

누가 하나님이 인정하시는 성숙되고 진실한 리더인지, 깨어 살펴보면서 거룩한 인도자의 지팡이를 저들에게 건네주어야 할 것이다.

"보아라, 한 왕이 일어나 정의로 다스리며, 통치자들이 공평하게 재판할 것이다. 통치자마다 바람을 피하는 곳 같겠고, 폭풍우 속의 피난처 같을 것이다. 그는 또한 메마른 땅의 시냇물 같을 것이며, 사막의 큰 바위 그늘 같을 것이다." (이사야 32 : 1~2)

인생의 두 길 II

인생에는 두 길이 있다.

하나는 진리를 따르는 길이며 또 다른 하나는 자신의 이익만을 위해서 자기 생각만을 좇는 길이다.

진리를 따르는 길은 하나님과 동행하는 길이며 하늘과 땅의 주인이신 창조주 하나님을 인정하는 길이다.

그 길에는 겸손과 사랑 그리고 비전이 있다.

하지만 그 길은 고난의 길이며 순례의 길이고 좁은 길이다.

한편, 자아로 가득한 다른 길에는 순간적인 쾌락과 재미가 있다.

따라서 이 길은 많은 사람이 걷고 있는 넓은 길이다.

그러나 웃고 떠들고 있는 그 넓은 길의 이면에는 깊은 불안과 두려움이 자리 잡고 있으며 필경은 영원한 죽음으로 향하게 되는 죄의 독이 묻어 있는, 사망의 길이다.

얼마 전, 미국의 44대 버락 오바마 대통령의 취임식이 있었다.

오바마는 고등학교 시절을 하와이에서 보냈다고 하는데 그 학교의 같은 클래스에는 유색인종 두 사람이 있었다.

그들은 백인들로부터 많은 서러움을 당했다.

그중의 한 사람이 버락 오바마였다.

그러나 그는 그 가운데서도 주님을 만나게 되었고 그 이후 그는 비전을 갖게 되었다.

그리고 그 비전이 그를 하버드 대학으로 진학하게 했으며 그 꿈에 도전한 결과 미국의 44대 대통령이 되었다.

반면, 같이 서러움을 받았던 그 친구는 방황 속에서 헤어나지 못하고 지금도 노숙자로 비참하게 살고 있다고 한다.

인생에는 두 길이 있다.

하나는 주님과 함께 동행하는 생명의 길이고 또 다른 하나는 주님 없는 고독의 길이다.

그 생명의 길에는 소망과 비전이 넘치지만 다른 길에는 늘 두려움과 번뇌가 뒤따른다.

우리는 무엇보다도 우리들의 자녀들에게 이 진리의 길을 가르쳐야 한다.

인생의 주인이신 주님을 영접하면서 진리와 사랑 그리고 생명의 길을 걷도록 인도해야 한다.

이것이 우리가 가르쳐야 할 우선적인 중요한 과제인 것이다.

그런데 지금 당신은 어느 길을 걷고 있는가?

당신과 당신의 자녀는 생명길 속에서 빛 가운데 동행하고 있는가?

이 시간, 가는 길을 멈추어 서서 우리 자신과 우리 자녀들을 다시금 돌아보기로 하자.

근 신

가룟 유다!

그는 계산에 능한 자였다.

그는 예수님에 의해서 택함 받은 운 좋은 사람이었다.

그는 예수님을 따라다니면서 수많은 기적을 눈으로 목격한 행운아였다.

오병이어(五餠二魚)의 기적 속에 오천여 명 먹이시고 12 광주리 남는 입 벌어지는 기적도 보았고, 나면서부터 소경된 자의 눈이 떠지는 신기한 광경도 보았다.

더군다나 죽었던 나사로가 무덤에서 붕대의 모습으로 걸어 나오는 장면은 잊을 수 없는 기적 중의 기적이었다.

이쯤 되면 그 사람은 그분이 바로 생명과 사망의 창조자, 메시아임을 알았을 것이다.

그러나 성경은 그가 끝까지 예수님이 누구신지를 몰랐다고 진술하고 있다.

그랬기에 그는 예수님을 선생님이라고 마지막까지 호칭하고 있었다.

반면에 베드로나 다른 제자들은 예수님을 주님이라고 호칭하고 있었다.

어째서 이런 일이 가능할까?

그것은 육의 눈으로는 보고도 볼 수 없으며, 욕심의 비늘이 눈에 덮이면, 진리 자체와 함께 생활한다 할지라도 진리를 깨달을 수 없다는 것이다.

그래서 그는 욕심에 눈이 멀어 생명의 주님을 팔아넘기기까지 한 것이 아닌가!

이것은 소름 끼치는 일이다.

우리 주위에는 정욕과 욕심의 비늘로 눈꺼풀이 덮인 자들이 있다.

저들은 인간존중과 예수님의 사랑과 기적을 아무리 많이 듣고 본다 할지라도 그 어둠의 비늘이 눈에 씌워져 있는 한 어떤 이해도 또 어떤 영감도 얻을 수 없다.

따라서 저들에 의해, 오늘도 수많은 사람이 직접, 간접으로 많은 아픔을 겪으면서 고통받게 된다.

우리 이제 우리 자신을 돌아보자.

혹시 그 욕심과 어둠의 비늘이 우리 자신의 눈을 덮지는 않았는지 스스로 돌아보면서 오히려 서로를 벗겨주도록 도와야 할 것이다.

서로 맑은 눈으로 아름답고 거룩한 이웃으로 살도록 도와야 할 것이다.

그것이 진정 우리 모두가 살 수 있는 길이기 때문이다.

그런데 당신의 가정과 직장은 어떠한가?

오늘도 가롯 유다로 인해서 가슴 아팠던 예수님을 기억하면서 우리 모두 더 정화되고 성숙하기를 기원하게 되었다.

그리고 배반한 가롯 유다의 멸망이 우리 모두의 멸망이 되지 않기를 염원하면서, 우리의 동료와 우리의 직장과 그리고 우리 스스로를 더욱더 근신하며 바라보게 되었다.

새 정부의 가장 중요한 과제

얼마 전, '영혼을 파괴하는 범죄'라는 TV 프로그램을 보았다.

그것은 집단 성폭력으로 숨진 사건을 고발한 내용이었다.

죽임당한 여학생은 중2. 상대방은 같은 또래의 남학생이었다.

저들은 같이 술을 먹은 후 세 명이 돌아가면서 그 여학생에게 성폭력을 가했다.

그 후 새벽에 그 여학생은 목숨을 잃었다.

정말 기가 막힌 현실이었다.

우리나라가 왜 이렇게 타락되었는지…….

음란은 죽음을 일으키는 무서운 병이다. 사탄은 음란을 통하여 우리의 가정과 자녀를 파괴한다. 우리는 순결교육을 다시 세워야 한다. 더 무서운 것은 인터넷 채팅으로 인해 수많은 가정이 병들고 무너져 가고 있다는 것이다.

너무나 뼈아픈 현실 앞에 할 말을 잃곤 한다.

주님은 더러움과 함께할 수 없으시다.

로마가 망하기 전 극심한 음란과 부패가 있었다. 그리고 폼페이 시 역시 더러운 성 문화가 판을 치고 있는 가운데서 하나님의 심판을 받게 되었다.

하나님은 기드온을 택하신 후 제일 먼저 지시하신 일은 더러운 문화와 더러운 우상을 없애라는 명령이었다.

기드온이 그 일을 수행한 후에 이스라엘은 하나님과 함께한 전쟁에서 해방과 기쁨을 얻게 되었다.

이제 새 대통령과 새 내각과 새 국회의원이 탄생하였다.

그러나 경제보다 더 먼저 해야 할 일은 우리의 음란문화를 바로잡는 일이다.

경제보다 더 중요한 것, 그것은 우리의 삶과 의식을 정결케 하는 일이다.

그때야 하나님은 새 정부의 프로젝트에 기쁨으로 함께하실 수 있을 것이다.

세계 경제 10위 안에 드는 것보다 더 중요한 것은 더러움을 씻고 우리의 자녀들에게 올바른 윤리관을 심어 주면서 하나님께 더 가까이 가는 삶을 살도록 도와주는 일이다.

그때야 우리나라는 진정한 우수민족이 될 수 있으며 또한 우리는 마음으로 대한민국 만세를 외칠 수 있게 될 것이다.

사순절 기간에

세상 모든 길에는 끝이 있다.

그리고 결국 모든 사람은 흙으로 돌아가게 되어 있다.

석가도 공자도 모두 다 땅 한 평 자기 무덤 속에 누워 있다.

그러나 예수님만은 빈 무덤이다.

그것은, 주님은 땅에 묻힐 수 없는 존재임을 뜻한다.

그리고 그분은, 그분이 말씀하신 대로 다시 오실 것을 의미한다.

그것도 왕 중의 왕으로서 수많은 천군 천사와 함께, 그리고 거룩한 그의 자녀들과 함께…….

지금은 사순절 기간이다.

우리는 이 기간에 늘 주님의 십자가를 묵상하며 때로는 금식하곤 한다.

그러나 더 중요한 것은 마음의 금식이며 진정으로 주님을 사랑하는 일이다.

우리는 날이 갈수록 타성에 젖은 사순절 행사와 금식을 하지 않는가, 진정 주님을 사랑하는가 돌아보아야 한다.

주님은 붙잡히시기 얼마 전 유월절 만찬을 제자들과 함께하였다.

주님은 식사 도중에 자리에서 일어나 허리에 수건을 두르신 후 대야에 물을 떠서 제자들의 발을 한 사람 한 사람 씻겨 주셨다.

주님이 떠날 때가 되었음을 알고 자신의 제자들을 사랑하시되 끝까지 사랑하시며 겸손으로 친히 본을 보이신 것이다.

그리고 주님은 제자들에게 말씀하셨다.

"내가 이 일을 행한 것은 너희도 서로 발을 씻기며 서로 사랑하라고 본을 보인 것이다."

"새 계명을 주노니 서로 사랑하라. 너희가 서로 사랑하면 이로써 모든 사람이 너희가 내 제자들인 줄을 알게 되리라"고 간곡히 말씀하셨다.

이 사순절 기간에 주님의 그 말씀이 뇌리에 깊이 스며든다.

주님을 사랑하는 길은 주님의 말씀을 순종하는 길이다.

그것은 연약한 자의 발을 씻겨 주고, 그리고 서로의 추한 부분을 씻겨 주면서 덮어 주고 사랑하는 일이다.

사순절 기간에 우리는 더욱더 이웃에 감추어진 연약한 부분들을 사랑으로 돌보아야 한다.

그것이 주님의 십자가에 동참하는 길이며 주님을 사랑하는 길이다.

우리는 얼마나 섬기며 살아왔는가?

또한, 우리를 통해서 주님은 얼마나 영광 받으셨는지 이 기간에 더욱더 자신을 돌아보면서 섬김과 사랑의 십자가 길을 주님과 함께 걷기로 하자.